ALEXANDER QUERENGÄSSER - SASCHA LUNYAKOV

LE GUERRE HUSSITE - 1

GLI ESERCITI, LE ARMI, LE TATTICHE E LE CAMPAGNE 1419-1437

SOLDIERS&WEAPONS 033

SOLDIERSHOP PUBLISHING

AUTORI

Testo di Alexander Querengässer, illustrazioni di Sascha Lunyakov, mappe di Bernhard Glänzer.
Traduzione in italiano a cura di Anna Cristini. Copyright prima edizione di © 2019 Zeughaus Verlag GmbH, Berlin Knesebeckstr. 88 10623, Germany dal titolo: "Die Heere der Hussiten" per la serie Heere & Waffen. La Nostra pubblicazione è effettuata per gentile concessione di Zeughaus Verlag GmbH.

PUBLISHING'S NOTES

LICENSES COMMONS

ACKNOWLEDGMENT - RINGRAZIAMENTI

ZEUGHAUS VERLAG Il mio grande ringraziamento all'amico Stefan Muller, responsabile della Zeughaus Verlag GmbH, Berlin, per la concessione alla realizzazione in italiano dei volumi dedicati alla crociata Hussita.

ISBN: 9788893275606   1a edizione Marzo 2020

LE GUERRE HUSSITE - 1 (S&W-033)
Di Alexander Querengässer, illustrazioni di Sascha Lunyakov, mappe di B. Glänzer. Traduzione di Anna Cristini
Editor: Luca Cristini Editore, for the brand: Soldiershop. Cover & Art Design: Luca S. Cristini.

PREFAZIONE

“Non temete i vostri nemici, né badate al loro numero,
tenete il Signore nei vostri cuori, perché Lui combatte con voi
e non fuggite di fronte al vostro avversario.
Ricordatevi la parola d’ordine assegnata,
obbedire ai vostri capitani e difendersi a vicenda.
Rimanete vigili e mantenete la formazione.
Per avidità e bramosia non perdete la vostra vita,
e non prestate attenzione al bottino di guerra.”

„Die Feinde aber fürchtet nicht,
und achtet ihre Menge nicht,
traget Gott in eurem Herzen,
wollen für und mit ihm kämpfen,
und vor dem Feinde weichet nicht.
Seid der Losung eingedenk,
die euch ward gegeben,
achtet euren Hauptmann stets,
rettet einander das Leben,
und weiche niemand aus Reih und Glied.
Wegen Raub, aus Gier nach Gold,
lasset euer Leben nicht,
und bei Beute haltet euch nicht auf.“

(Dall’inno della guerre hussite “Chi sono i combattenti di Dio”
“Die da Gottes Streiter sind“ in ceco *“Ktož jsú boží bojovníci”*)

INDICE 1° VOLUME

NEL SECONDO VOLUME:

Le guerre hussite (le quattro crociate)

Le irruzioni in Slesia, Polonia, Brandeburgo.

Il re hussita

La rivoluzione hussita e la riforma boema

Effetti del sistema militare hussita sugli altri eserciti europei

Il significato del sistema militare hussita per la storia militare

Bibliografia

CRONOLOGIA

1415 *6 luglio* - Jan Hus viene bruciato sul rogo a Costanza.

1419 *30 luglio* - Prima defenestrazione di Praga, inizio della rivoluzione hussita
16 agosto - Morte del re Wenzel IV.
2 dicembre - La vittoria di Jan Žižka nella battaglia di Nekmíř.

1420 *17 marzo* - Papa Martino V emette una bolla papale per una crociata contro gli hussiti.
25 marzo - Vittoria di Jan Žižka nella battaglia di Sudoměř.
12 giugno - Inizio dell'assedio di Praga da parte dell' esercito della prima crociata sotto re Sigismondo.
14 luglio - Vittoria di Jan Žižka nella battaglia sul Vitkov.
28 luglio - Sigismondo si autoproclama re di Boemia.
30 luglio - Fine dell'assedio di Praga.
15 settembre - Inizio dell'assedio hussita di Vyšehrad (l'alto Castello).
30 ottobre - 1 novembre - Cattura di Vyšehrad da parte degli hussiti.

1421 *16 marzo* - Cattura e distruzione di Chomutov da parte dei Taboriti guidati da Jan Žižka.
Fine giugno - Assedio del castello di Rabi - Žižka Viene accecato.
5 agosto - Battaglia di Most (Brüx). Vittoria di un esercito di Meissen guidato da Federico I di Sassonia, una delle poche vittorie ottenute contro gli hussiti praghesi di Jan Želivský in questa fase.
Settembre - 2 ottobre - Fallisce l'assedio alla città di Žatec (Saatz) da parte dell'esercito crociato.
21-22 dicembre - Battaglia di Kutná Hora (Kuttenberg). Vittoria di Jan Žižka Sui crociati guidati da re Sigismondo.

1422, *6 gennaio* - Battaglia di Nebovidia. Nuova vittoria di Jan Žižka sull'esercito della 2a crociata guidato da re Sigismondo.
8 gennaio - Battaglia di Havlíčkův Brod (Deutsch Brod). La vittoria finale di Jan Žižka sull'esercito della seconda crociata del re Sigismondo.
10 gennaio - Cattura di Nemecky Brod (Deutsche Brod).
7 marzo - Esecuzione di Jan Želivský.
17 maggio - Sigmund Korybut entra a Praga in qualità di amministratore del regno.
Luglio - 8 novembre - Futile assedio di Hrad Karlstejn (Castello di Karlstein) da parte dei praghesi sotto Sigismund Korybut. Soldati della terza crociata intervengono in soccorso per il castello.

1423 *marzo* - Sigismund Korybut ritorna in Lituania.
20 aprile - Battaglia di Hořice (Horschitz). Jan Žižka's ottiene una vittoria sull'esercito della Lega dei Lord (in ceco: panská jednota, in tedesco: Herrenbund).
4 agosto - Battaglia di Stochov (Strauchov). Nuova vittoria di Žižka sull'esercito di Herrenbund.

1424 *7 giugno* - Battaglia di Malešov (Maleschau). Jan La vittoria di Žižka su un esercito di Herrenbund.
29 giugno - Sigismund Korybut torna a Praga.
14 settembre - Trattato di Libeň tra Sigismund Korybut e Jan Žižka.
11 ottobre - Morte di Jan Žižka.

1426 *16 giugno* - battaglia di Ústí nad Labem (Aussig). Vittoria degli eserciti hussiti contro un esercito sassone.

1427 *25 marzo* - Battaglia di Zwettel in Austria. Nuova vittoria hussita sotto Andreas Prokop su un esercito austriaco.
4 agosto - Battaglia di Tachov (Mies). Vittoria degli eserciti hussiti uniti sotto Andreas Prokop sugli eserciti della Quarta Crociata.

1429-30 *dicembre 1429 - febbraio 1430* - "la bella cavalcata" "(in ceco antico: spaniel jizdy, in tedesco: Herrliche Heerfahrt) degli eserciti hussiti uniti sotto Andreas Prokop con grandi raid in Sassonia e Franconia.

1431 *14 agosto* - Battaglia di Domažlice (Taus). Vittoria di gli eserciti hussiti uniti di Andreas Prokop sugli eserciti della Quinta Crociata.
14 dicembre - Inizio del Consiglio di Basilea.

1433 *aprile-settembre* - "la bella cavalcata" di un esercito degli "Orfani" "(Waisen) guidati Jan Čapek nel Stato dell'Ordine Teutonico (Deutschordensstaat).
31 maggio - Incoronazione di Sigismondo come Santo Imperatore romano a Roma.
21 settembre - Battaglia di Hiltersried in Baviera. Disfatta di un esercito hussita da parte di una armata arruolata da Giovanni del Palatinato-Neumarkt.
30 novembre - Attuazione della Compactata (patti) di Praga (Prager Kompaktakten).

1434 *30 maggio* - Battaglia di Lipany. Sconfitta dell' esercito di Taboriti e di "Orfani" sotto Andreas Prokop da parte di un esercito di Herrenbund. Morte di Andreas Prokop.

1436, *5 luglio* - Attuazione degli atti del patto di Ilgau (Iglauer Kompaktakten).
23 agosto - L'imperatore Sigismondo entra a Praga e dichiara conclusa la rivoluzione hussita.

1437 *9 dicembre* - Morte dell'Imperatore Sigismondo.

Eberhard Windecke (1380-1440/41), nel 1430 pubblicò una cronaca sulla vita dell'imperatore Sigismondo del Lussemburgo. Le elaborate illustrazioni forniscono molte informazioni sulle armi e l'equipaggiamento degli eserciti al tempo degli hussiti.

LA RIVOLUZIONE HUSSITA

Una nazione e un riformatore

 egli anni 1420 e 1430 gli hussiti diffusero paura e terrore nell'Europa centrale. Le loro forze, mobili e robuste, sconfissero potenti eserciti tardo medievali. Che cosa scatenò questa guerra? L'evento scatenante che portò alla nascita del movimento hussita fu un insieme di ragioni sociali e religiose. La colonizzazione della Boemia, iniziata nell'Alto Medioevo, fu inizialmente guidata soprattutto da genti tedesche. All'interno del regno, che dal XIV secolo era nelle mani della potente dinastia nobile lussemburghese di allora, c'era già una netta divisione tra la popolazione rurale e quella urbana. Sotto i lussemburghesi, infatti, il flusso dei coloni tedeschi si era attenuato; allo stesso tempo, un'identità boema distinta - basata sulla lingua e la cultura - si evolse e portò allo sviluppo precoce di una coscienza nazionale. La letteratura di corte, fino ad allora dominata dalla lingua tedesca, nonché gli scritti religiosi, redatti quasi esclusivamente in latino, furono sempre più spesso trascritti in boemo (ceco). Queste traduzioni furono eseguite prevalentemente da chierici boemi che divennero i trasmettitori della nuova auto-coscienza social-nazionale e allo stesso tempo svilupparono una nuova e unica cognizione delle questioni religiose[1].

La componente della popolazione boema nei paesi e nelle città aumentò, mentre la bassa nobiltà premeva per entrare nell'Università di Praga fondata dall'imperatore Carlo. Dopo aver completato gli studi, molti giovani boemi occuparono posizioni importanti nella Chiesa, con il conseguente isolamento tedesco nel paese che portò con sé invidia e risentimento[2]. La coscienza nazionale boema ricevette un nuovo impulso sotto il figlio di Carlo, Venceslao I. Questo sovrano, che a malapena aveva prospettive di essere eletto Imperatore del Sacro Romano Impero, dovette combattere con un forte gruppo di nobili avversari nella regione nel 1394; infatti, almeno inizialmente la propria posizione nel paese si stava indebolendo sempre di più. Nel 1401 un esercito di sassoni guidato dal margravio di Meissen Guglielmo I, avanzò su Praga assediando la città con l'aiuto di un'armata di ribelli boemi. Tuttavia, poiché la nobiltà all'opposizione poté unirsi a Venceslao I, le forze di Meissen furono costrette a ritirarsi, portando con sé amari sentimenti di vendetta nei confronti della popolazione boema[3].

Indipendentemente da questi sconvolgimenti sociali, ma anche strettamente legati ad essi, le prime idee per la riforma della Chiesa boema nacquero all'inizio del XIV secolo. Il grande scisma occidentale che portò i fedeli a dover finanziare con le proprie decime due corti papali ostili, e l'onnipresente simonia che gli stessi ordini mendicanti, un tempo ascetici, non riuscirono a fermare, misero profondamente in discussione la credibilità della Chiesa.

Un primo critico di queste condizioni contemporanee fu il filosofo inglese John Wycliffe, morto nel 1384. Egli rifiutò l'adorazione dei santi, reliquiari, icone fino a rinnegare il celibato. Le sue critiche più forti furono rivolte al Papa, di cui rifiutò l'autorità. Secondo Wycliffe, i fedeli avrebbero dovuto affidarsi esclusivamente alla Bibbia. Nonostante i suoi scritti furono vietati in Inghilterra nel 1382, essi vennero ampiamente distribuiti in tutta Europa. Gli studenti

---

1   Palacký, Der Hussitenkrieg 1419-1431, pp. 4-21; Šmahel, Hussitische Revolution I, pp. 85-716; Seibt, Die Hussitische Revolution, pp. 80-82; Seibt, Entwicklung der Böhmischen Staatlichkeit, pp. 139-151.
2   Hilsch, Johannes Hus, pp. 60-103; Palacký, Der Hussitenkrieg 1419-1431, pp. 38-46; Šmahel, Hussitische Revolution II, pp. 717-877; Seibt, Die Hussitische Revolution, pp. 82-87.
3   Tresp, Die Belagerung von Prag 1401, pp. 45-50.

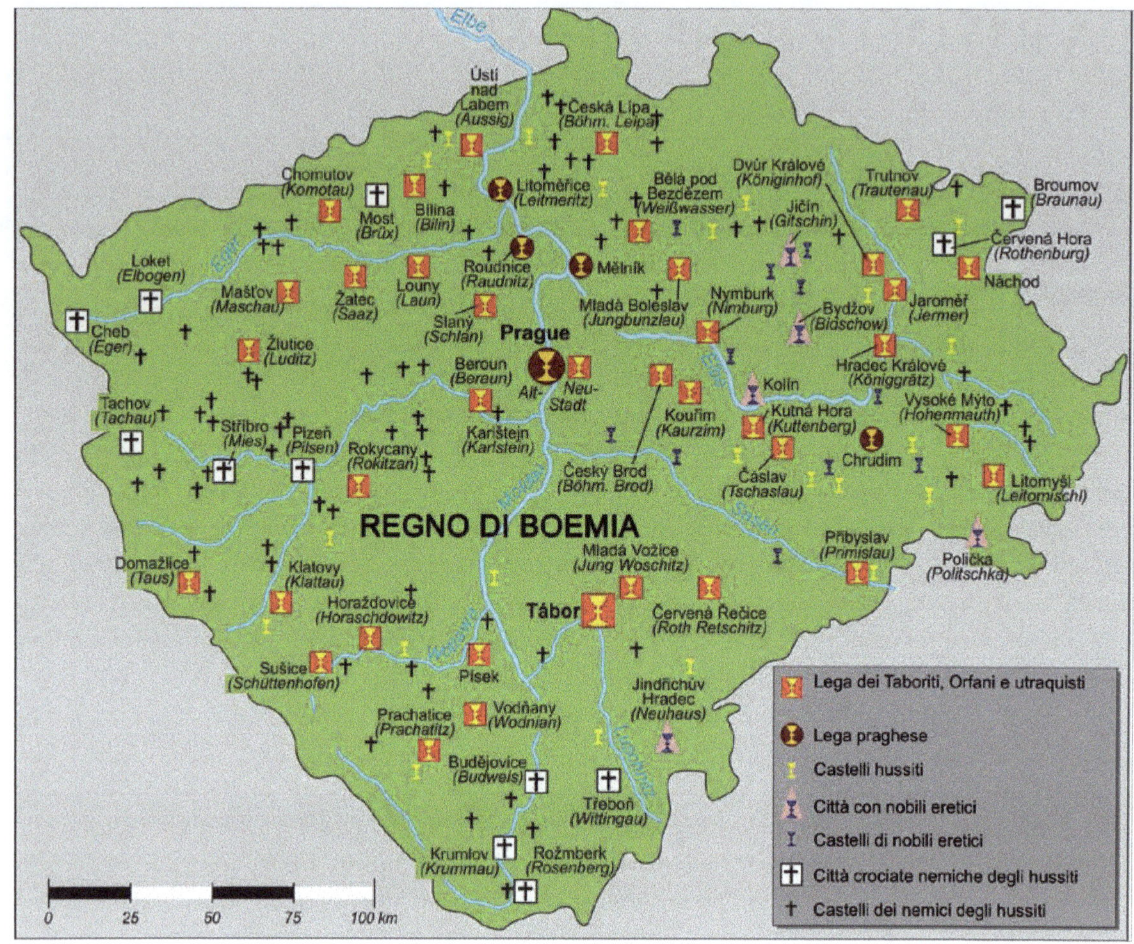

particolarmente attenti si sedettero all'Università di Praga. Uno di loro era Jan ("Johannes") Hus, che venne a conoscenza delle opere di Wycliffe intorno al 1398 grazie al suo compagno di studi Hieronymus di Praga. Solo quattro anni dopo Hus divenne professore di teologia e rettore dell'università. Iniziò a predicare in ceco e sempre più spesso manifestò critiche sulle grandi ricchezze accumulate dalla Chiesa. Influenzato dagli scritti di Wycliffe, dichiarò che la Bibbia era l'unica fonte di autorità nelle questioni religiose, con la quale contestava anche l'autorità del Papa, che aveva sempre l'ultima parola fino a quel momento. La richiesta di ricevere la "Comunione in entrambi i tipi" ebbe allora un significato simbolico. A quel tempo, era consuetudine che solo i sacerdoti bevessero vino alla Comunione, mentre il resto della congregazione riceveva solamente l'ostia consacrata. Hus pretese - poco prima della sua morte - che tutti ricevessero una parte del sangue di Cristo. Poiché questo veniva consegnato in un calice, la gente cominciò a chiamare i suoi seguaci come "Calixtiner" (dal latino *calix* per "calice") o anche "Utraquists" (dal latino *sub ultraque parte* = in entrambi i tipi)[4].

Nel 1408 l'arcivescovo di Praga rimosse Hus dalla sua posizione e lo scomunicò come predicatore sinodale. Anche se messo al bando, Hus continuò il suo lavoro. Nel 1410, l'Arcivescovo fece quindi in modo di ottenere una bolla da Papa Alessandro V, uno dei tre papi dell'epoca, in cui si vietarono gli scritti di Wycliffe e la loro diffusione. Questo gli permise finalmente di ac-

---

4 Šmahel, Hussitische Revolution II, pp. 878-917; Rieder, Die Hussiten, pp. 21-50; Macek, Revolutionäre Bewegung, pp. 28-36; Seibt, Die Hussitische Revolution, pp. 85-87.

A sinistra, i duchi di Sassonia Federico e Caterina dal *Das Sächsische Stammbuch* (1546). A destra Sigismondo del Lussemburgo, figlio dell'imperatore Carlo IV e fratello di re Venceslao di Boemia. Ritratto Da J. Hartlieb.

cusare Hus di eresia. Il riformatore fu messo al bando dalla Chiesa (anatematizzato) e nel 1411 fu espulso da Praga, il che portò ai primi disordini in città. Ma la forte popolarità delle idee di Hus portò il re Venceslao I a offrirgli comunque la sua protezione affinché potesse continuare a diffondere i suoi insegnamenti in Boemia. Nel 1414, il Concilio di Costanza proibì ancora una volta gli insegnamenti di Wycliffe. Per liberare la corona di Boemia dall'accusa di sostegno a un eretico, il re Sigismondo invitò Hus a Costanza promettendogli un salvacondotto. Tuttavia, poiché Hus non cedette alle richieste di rinunciare al suo insegnamento, il 6 luglio 1415, fu condannato ad essere bruciato sul rogo come eretico e giustiziato quello stesso pomeriggio[5]. Il fallimento degli sforzi di riforma di Jan Hus, non dissimili dai primi ma anche dai successivi riformatori come Martin Lutero, fu dovuto alle scarse possibilità mediatiche del tempo in Europa. Si dice che Lutero abbia potuto diffondere i suoi insegnamenti molto più facilmente grazie all'aiuto della stampa di libri moderni. In realtà, gli sforzi di Jan Hus presentavano un problema puramente boemo: proprio a causa dei conflitti con la popolazione tedesca nel paese, gli sforzi per la riforma della Chiesa, che comprendeva la predicazione in lingua ceca, divennero un fenomeno nazionale che aveva poche prospettive di ulteriore diffusione nel Sacro Romano Impero. Sarebbe anche sbagliato liquidare il movimento hussita come fenomeno di contadini e cittadini rurali, come avveniva in epoca socialista nell'Europa centrale. Questa

---

5 Hilsch, Johannes Hus, pp. 30-53; Rieder, Die Hussiten, pp. 51-87; Macek, Revolutionäre Bewegung, pp. 37-42.

tesi è contraddetta dalla circostanza che ben 452 conti, signori e cavalieri firmarono una nota di protesta contro l'arresto del riformatore. Dopo che il riformista bruciò sul rogo, le sue idee si diffusero ancor più velocemente in tutta la regione, per cui, insieme ai concetti teologici di John Wycliffe, anche le idee valdesi entrarono nella teologia hussita. Nel frattempo, secondo le ricerche, i rami radicali del movimento sbocciarono con forza soprattutto dove l'influenza valdese era stata maggiore, come nel Tabor[6]. Tuttavia, c'era anche una componente sociale insieme alla componente nazionale e a quella di classe. Gli eventi di crisi del XIV secolo, vale a dire la peste, l'inizio della cosiddetta "piccola era glaciale" e il conseguente crollo della produzione agricola, portarono ad un crescente impoverimento di ampie fasce di popolazione. In Boemia anche queste classi, basandosi sui principi religiosi di Jan Hus, cominciarono a mettere in discussione l'ordine sociale che si basava sulla nascita di classe[7].

Ma proprio all'interno di queste cause risiedettero anche i problemi insipienti del successivo movimento riformatore, perché gli interessi dei nobili boemi erano in netto contrasto con i desideri di avanzamento delle classi più basse. Mentre soprattutto le classi volevano aumentare il loro potere nei confronti del regno centrale, sorsero tensioni tra gli abitanti delle città e dei paesi, prevalentemente tedesche, e i contadini rurali boemi più poveri[8].

La prima defenestrazione di Praga e i suoi effetti

La Boemia governata da re Venceslao I aveva sostenuto l'elezione di suo fratello come "re romano" e quindi voleva proteggerlo dai possibili effetti della rivoluzione hussita. Dopo l'esecuzione di Jan Hus, Venceslao I tentò di costringere i suoi seguaci a lasciare la Chiesa e gli uffici statali, il che portò nuovamente i boemi a ribellarsi contro di lui. Nel febbraio 1419 chiuse pertanto tutte le chiese Utraquiste di Praga, eccetto tre. Molti sacerdoti hussiti lasciarono la capitale e portarono il movimento in altri luoghi della Boemia[9]. Un gruppo di rappresentanti radicali dell'interpretazione della fede, tuttavia, rimase a Praga riunendosi attorno al carismatico sacerdote Jan Želivský. Il 30 luglio 1419, un gruppo infuriato di cittadini praghesi prese d'assalto il Municipio della Città Nuova (in ceco *novoměstská radnice*) per liberare i compagni di fede che vi si trovavano imprigionati. Così facendo, s'imbatterono nel podestà, il suo vice, due consiglieri, cinque anziani della comunità e uno scudiero: tutti quanti vennero gettati fuori dalla finestra. La folla riunita ai piedi del municipio nella Piazza di Carlo (in ceco *Karlovo náměstí*) fece a pezzi quegli uomini defenestrati usando armi che tenevano nascoste sotto i loro vestiti. Poco dopo, un altro consigliere venne torturato a morte. Re Venceslao I fu talmente spaventato da questa azione che subì un ictus e il 16 agosto 1419 morì a causa dei suoi effetti[10].

La morte di Venceslao I aggravò ulteriormente la crisi, perché ora gli hussiti non volevano riconoscere il fratello Sigismondo, che già a suo tempo aveva assicurato un falso salvacondotto a Jan Hus per il concilio di Costanza. A Praga, i seguaci del riformatore assaltarono diverse chiese tentando di forzare ovunque il sacramento della Comunione con il calice. Molte chiese andarono in fiamme. I ribelli approfittarono della circostanza che Sigismondo

---

6 Šmahel, Hussitische Revolution II, pp. 930-932; Seibt, Die Hussitische Revolution, pp. 86-89; Machilek, Hussiten in Franken, p. 22; Berger, Kampfkraft der Hussiten, p. 100.

7 Kroener, Kriegswesen, p. 9.

8 Ibid., p. 9.

9 Šmahel, Hussitische Revolution II, pp. 941-950; Rieder, Die Hussiten, pp. 88-94.

10 Palacký, Der Hussitenkrieg 1419-1431, pp. 47-50; Šmahel, Hussitische Revolution, pp. 1002-1020; Rieder, Die Hussiten, pp. 94-99.

Eberhard Windecke (1380-1440/41), nel 1430 pubblicò una cronaca sulla vita dell'imperatore Sigismondo del Lussemburgo. In questa immagine appare l'imperatore in primo piano, accompagnato dalla sua cavalleria con lo stendardo imperiale.

Eberhard Windecke (1380-1440/41), nel 1430 pubblicò una cronaca sulla vita dell'imperatore Sigismondo del Lussemburgo. In questa immagine è in mostra uno scontro fra cavallerie avversarie. Sullo sfondo scudi araldici boemi e bavaresi.

aveva appena equipaggiato un grande esercito per una campagna contro i turchi in Ungheria e non voleva utilizzarlo contro gli hussiti. Invece, sua moglie, Barbara di Cilli, prese temporaneamente il controllo della reggenza[11]. Il più anziano burgravio Čeněk von Wartenberg, nominato da Sigismondo per assistere la Reggenza, chiamò a riunione i nobili boemi per un'Assemblea Nazionale. In questa istituzione, i nobili riuscirono a porre le loro richieste al nuovo re. Gli hussiti usarono persino l'Assemblea per chiedere a Sigismondo la libertà religiosa. Egli avrebbe dovuto consentire entrambe le forme di Comunione, proibire la denuncia degli Utraquisti come eretici e convincere il Papa a permettere ai laici di bere dal calice. Inoltre, si richiedevano anche modifiche all'amministrazione del Paese, che sarebbero andate a vantaggio dell'intera regione di etnia boema. La risposta di Sigismondo fu formulata con cautela: voleva continuare il suo regno nella tradizione di suo padre, Carlo IV[12].

La Boemia cominciò allora a separarsi. La Chiesa cattolica perse rapidamente adepti. I suoi ultimi sostenitori rimasero le fedeli città tedesche del nord alle pendici dell'Erz, da Cheb a Litoměřice. La maggior parte degli hussiti boemi cercava obiettivi molto moderati. I cosiddetti *"Calixtiners"* (Fratelli del Calice) erano completamente pronti a riconoscere Sigismondo come re e anche come capo della Chiesa cattolica. Chiedevano tuttavia la tolleranza verso le idee di Jan Hus. Il centro dei *Calixtiners* era Praga, e inizialmente il loro rappresentante più importante era Čeněk von Wartenberg, che Sigismondo aveva nominato suo rappresentante. Subito dopo la defenestrazione di Praga, nacque un'ala radicale del movimento che rifiutava le trattative con il re perché convinto della loro inutilità. Questo gruppo aveva il suo centro nella Città Nuova di Praga (*Nové Město* in ceco) ed era guidato da Jan Želivský. Il suo partito voleva riconoscere solo la Bibbia in questioni religiose, rifiutando quindi l'autorità del Papa. Questo principio portò alla scissione dei radicali in diversi gruppi, come accadde cento anni dopo ai protestanti. Il più importante gruppo radicale hussita sarebbe diventato il gruppo taborita[13]. A partire dal 22 luglio 1419, i taboriti si riunirono su una cresta montuosa a circa settanta chilometri a sud-ovest di Praga. Il loro nome deriva da un episodio del Vangelo secondo Matteo (17,1-2) in cui Gesù predicava davanti a una grande congregazione su una collina. I boemi credevano che questa collina fosse il monte Tabor.

L'idea di una vicina apocalisse si diffuse rapidamente in tutto il regno sulla base dei sermoni dei sacerdoti radicali su quella collina. Il movimento taborita ebbe un grande richiamo soprattutto tra la vasta popolazione rurale[14]. I gruppi hussiti si armarono ovunque nel paese. Nacque un esercito a Pilsen, centro dell'hussitismo radicale fin dal 1417, i cui primi capi furono il monaco radicale Václav Koranda e Jan Žižka da Trocnov, soldato valente e noto, proveniente dalla nobiltà inferiore. Žižka era stato uno dei capofila della defenestrazione di Praga. Nel corso dell'autunno del 1419, lui e Mikuláš di Hus si rivolsero agli studiosi dell'Università di Praga per chiedersi se la guerra fosse un mezzo legittimo per la liberazione della parola di Dio. La risposta dei *Magister* fu che era legittimo difendere la fede con un'arma, ma non diffondere il Vangelo con la spada. Žižka avrebbe aderito a questa richiesta per tutta la vita.

Nel frattempo, però, il reggente e Čeněk von Wartenberg occuparono e migliorarono militarmente i punti più importanti di Praga, il che infastidì soprattutto i taboriti della vicina Città

---

11   Palacký, Der Hussitenkrieg 1419-1431, pp. 49-53; Rieder, Die Hussiten, pp. 99-102.
12   Palacký, Der Hussitenkrieg 1419-1431, pp. 52-54.
13   Palacký, Der Hussitenkrieg 1419-1431, pp. 56-59; Šmahel, Hussitische Revolution, pp. 1021-1040.
14   Seibt, Tabor, pp. 175-178; Palacký, Der Hussitenkrieg 1419-1431, pp. 61-64; Šmahel, Hussitische Revolution, pp. 1037-1070.

Eberhard Windecke (1380-1440/41), nel 1430 pubblicò una cronaca sulla vita dell'imperatore Sigismondo del Lussemburgo. In questa immagine è in mostra uno scontro fra cavallerie avversarie. Sullo sfondo scudi araldici boemi e tedeschi.

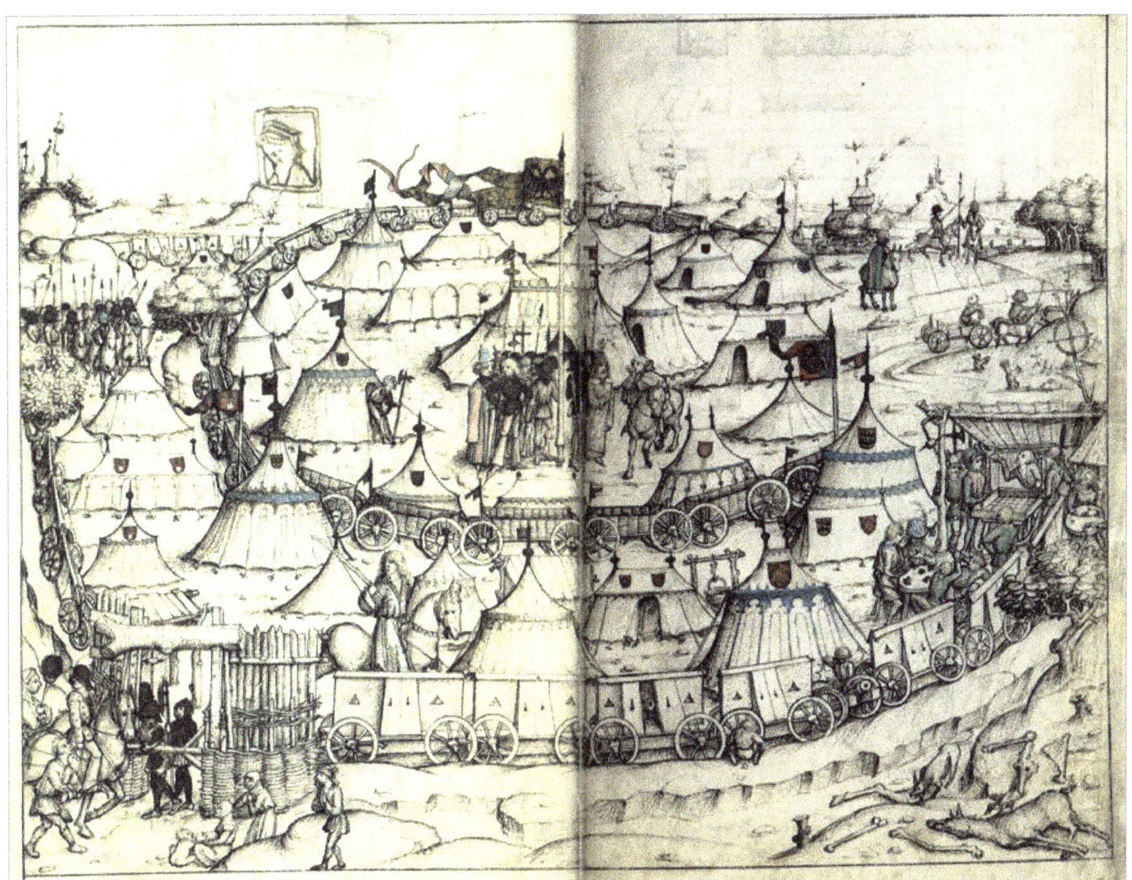

Esempio di un *wagenburger* - *"vozová hradba"* in ceco. Una sorta di muraglia fatta coi carri da guerra hussiti a proteggere l'accampamento dell'esercito da repentini assalti del nemico. Un'idea simile venne adottata a fine '800 dai boeri per difendersi dalle truppe inglesi. Dall' Hausbuch_Wolfegg del 1480.

Nuova. Il 25 ottobre una piccola banda di hussiti intorno a Žižka prese il vecchio Vyšehrad (Burgberg o "Castello Alto"). Per questo motivo, all'inizio di novembre, quando la popolazione rurale volle riunirsi per un incontro a Praga, questa finì per essere ripetutamente attaccata da baroni fedeli al Re. Solo gli hussiti provenienti dalla parte occidentale del paese, da Pilsen, vennero avvertiti in anticipo e si diressero armati verso la capitale in massa. Giunti a Nový Knín, arrivò un messaggero con una richiesta di assistenza da parte di un gruppo della città di Ústí nad Orlicí, ma ancor prima che terminasse la richiesta d'aiuto, furono assaliti e spazzati via da 1.300 cavalieri sotto Peter von Sternberg. Non appena la notizia dei combattimenti di Nový Knín raggiunse Praga, i cittadini boemi si radunarono intorno a Mikuláš di Hus e Jan Žižka. Entrambi decisero di prendere d'assalto il quartiere di Malá strana di Praga e condussero le loro folle attraverso il Ponte Carlo sotto il fuoco dei cannoni reali. Dopo una lunga e sanguinosa battaglia, riuscirono a conquistare l'intero lato della Città Vecchia, compreso il castello. Ma i combattimenti continuarono per molti altri giorni, tanto che solo il 13 novembre si poté concordare un cessate il fuoco di cinque mesi. Poiché Žižka e alcuni radicali si opposero ai compromessi concordati tra i praghesi e il re, egli lasciò Praga per andare ad ovest e tornare a Pilsen[15]. Žižka fece espellere da Pilsen tutti i cattolici e cercò di fare della città la prima fortezza e la prima base per il movimento, respingendo con insistenza tutte le offerte

15   Palacký, Der Hussitenkrieg 1419-1431, pp. 65-73.

di pace. Il suo piccolo esercito fu ripetutamente impegnato in combattimenti nella zona intorno a Pilsen. Quando in dicembre un esercito hussita di circa 400 uomini cercò di tornare in città, venne attaccato a sorpresa a Nekmíř, circa 17 chilometri a nord-ovest, da un esercito di cavalleria imperiale di 2.000 uomini sotto Bohuslav von Schwanberg. Tuttavia i ribelli formarono un wagenburger o *"vozová hradba"* come lo chiamavano i boemi, usando sette carri che potevano trasportare pesanti cannoni per attaccare i cavalieri. Gli hussiti riuscirono a respingere tutti gli attacchi. Quando i ribelli si spostarono più avanti nella notte, furono nuovamente attaccati da altre tre guarnigioni reali prima di raggiungere Pilsen. La scaramuccia di Nekmíř segnò l'inizio della guerra hussita[16]. Questi primi successi hussiti non sembravano preoccupare troppo Re Sigismondo. Intorno al Natale del 1419 fece ritorno a Brno dalla sua fallimentare campagna turca, dove Utraquisti del Margravio e di Praga gli resero omaggio. Solo la Boemia occidentale sembrava trovarsi in gravi disordini[17].

Palvese boemo del periodo delle guerre hussite

Tuttavia, a sud di Praga si stava già sviluppando un nuovo centro hussita. La città vecchia di Ústí nad Orlicí, che era circondata in parte da una serie di castelli in rovina, cadde in mani hussite il 21 febbraio 1420. In brevissimo tempo, centinaia di contadini aderirono al movimento e si riversarono nella città. Difficilmente difendibile, si trasferirono nella vicina cittadina di Hradiště, dove gli hussiti fondarono un nuovo centro religioso che ben presto fu rinforzato da alcuni uomini di Žižka di Pilsen. La guarnigione di Pilsen era talmente indebolita che lo stesso Žižka dovette lasciare la città il 20 marzo. Pilsen fu quindi ripresa dai cattolici e negli anni successivi divenne un baluardo contro l'eresia boema. Il 25 marzo a Sudoměř, mentre marciava verso sud, Žižka, che aveva con sé solo poco più di 400 uomini e dodici carri, venne nuovamente attaccato da un esercito reale di circa 5.000 cavalieri. L'abile tattico formò allora con i suoi carri in una linea di difesa temporanea tra due stagni. In questo modo, riuscì a respingere l'assalto reale anche se con pesanti perdite. Le forze d'assalto cercarono di risalire su un lago prosciugato, ma dovendo anche compiere successive azioni di smontaggio dai cavalli, furono di nuovo respinte. Il giorno dopo, gli hussiti continuarono verso il Tabor. Nei mesi successivi, Žižka aprofittò della tregua che si era formata cercando di espandere l'area di influenza dei taboriti nelle campagne circostanti[18].

---

16   Palacký, Der Hussitenkrieg 1419-1431, pp. 80-83; Turnbull, Hussite Wars, pp. 24-33; Tresp, Söldner aus Böhmen, p. 24; Durdík, Hussitisches Heerwesen, p. 196-199.

17   Palacký, Der Hussitenkrieg 1419-1431, p. 75-77.

18   Palacký, Der Hussitenkrieg 1419-1431, p. 83-89; Turnbull, Hussite Wars, p. 33; Stöller, Österreich im Kriege gegen die Hussiten, pp. 7-8.

IL SISTEMA MILITARE HUSSITA

I pilastri dell'armata hussita

primi eserciti hussiti erano composti soprattutto da leve provenienti dai paesi e dalle città dominate dagli eretici ed erano costituiti da milizie cittadine e mercenari. I nobili hussiti e i loro sudditi fornirono la cavalleria e reclutarono altri mercenari. Anche la nobiltà boema aveva esperienza di guerra, perché il servizio da mercenario era l'unica possibilità di impiego per molti di loro durante il regno della Casa di Lussemburgo. In questo modo, acquisirono esperienze belliche nei feudi minori all'interno dell'Impero, nella grande guerra tra l'Ordine Teutonico e la Polonia, o nelle crociate turche del re ungherese Sigismondo[19]. La maggior parte dei volontari riversati intorno a questo nucleo, collaudato in battaglia o almeno addestrato militarmente, erano certamente contadini e cittadini che non avevano alcuna esperienza di servizio militare[20]. Per quanto riguarda la composizione sociale, gli eserciti hussiti erano forse i più eterogenei che l'Europa medievale avesse mai visto. Nobili, contadini, mercenari e volontari combattevano fianco a fianco. Tutti perseguivano i propri interessi sociali ed economici. Per fonderli in un esercito disciplinato era necessario un sistema militare, che si sforzasse soprattutto di usare la religione come il più grande fattore motivante comune[21].

Motivazioni teologiche

Sebbene la guerra e la violenza fossero da sempre una costante nel Medioevo, i conflitti armati tra cristiani sono sempre stati accompagnati a una difficile sfida teologica a complicare il tutto. Per gli eserciti crociati all'interno dell'Europa stessa, questo non era un problema, perché gli hussiti, come gli albigesi, i catari e i valdesi prima di loro, venivano bollati come eretici e lottare contro di loro era considerato addirittura un *bellum sacrum*, una guerra santa, come dichiarò Papa Martino V nel 1421[22]. Da parte hussita, all'Università di Praga, venne discussa a lungo l'essenza di una "guerra giusta". In questo caso, anche le opere di John Wycliffe costituivano le fondamenta teologiche. Influenzato dalle tesi dell'inglese, il *magister* Jan di Příbram scrisse il *Bellandi materiaam*. Questo scritto apparve nell'autunno del 1419, quando Čeněk von Wartenberg occupò il Castello di Praga. Tuttavia, le tesi di Příbram sulla guerra giusta s'inseriscono in un dibattito molto più antico. Wycliffe, infatti, s'ispirò direttamente a Tommaso d'Aquino e alle sue tre ragioni per una guerra giusta, cioè, *auctoritas principis - causa justa* e *intencio recta*, ovvero l'"autorità giudiziaria", la "giusta causa" e il "giusto intento".
Ma il movimento hussita era anche e soprattutto diretto contro il dominio del re di Boemia. Ciononostante, i teologi praghesi consideravano che l'autorità giuridica venisse direttamente da Dio. Quando papa Martino chiese una crociata, il *magister* praghese dichiarò la guerra per difendere la vera fede non solo per la giustizia, ma anche per dovere. Con la comparsa del movimento taborita la lotta contro il movimento anti-hussita assunse tratti apocalittici. I sacerdoti taboriti dichiararono che era un dovere per i veri credenti attuare le leggi di Dio e

19	19 Kroener, Kriegswesen, pp. 9-10.
20	Berger, Kampfkraft der Hussiten, pp. 103-104; Tresp, Söldner aus Böhmen, pp. 24-25.
21	Kroener, Kriegswesen, p. 10.
22	Bleicher, Das Herzogtum Niederbayern, p. 84.

Artigliere hussita. Egli tiene in mano una sorta di cannoncino a mano a colubrina. Quella nell'immagine era del tifo realizzato dai Taboriti boemi. Il soldato portava i proiettili in una bisaccia attaccata alla cintura.

compiere la sua vendetta sulla terra. Da ciò nacque la richiesta di uccidere tutti i non credenti, che, tuttavia, i teologi Utraquisti rifiutarono severamente di fare. Il sacerdote Martin, chiamato "Loquis" (per la sua eloquenza), insieme a Johannes Jičín, Koranda e altri sacerdoti scrissero 19 articoli. Credevano che il ritorno di Cristo fosse imminente e che questa volta non era più il tempo della misericordia, ma piuttosto il tempo della vendetta. Il cronista Laurentius si occupò di recuperare questi articoli: *"In quest'epoca di vendetta, tutte le città, i villaggi e i castelli devono essere devastati, distrutti e bruciati affinché ne il Signore Dio, ne nessun altro, possano entrarci mai più. In questo momento i fratelli taboriti sono gli angeli mandati per rappresentare i fedeli di tutte le città, villaggi e castelli sulle montagne, come Lot da Sodoma, e che i fratelli e i loro seguaci sono di un solo corpo a cui si uniranno le stesse aquile, non importa dove si trovino. Sono cioè l'esercito inviato da Dio in tutto il mondo per rimuovere tutte le offese dall'impero di Cristo e dalla Chiesa litigiosa, per scacciare i malvagi tra i buoni e per compiere la vendetta e il flagello sulle nazioni dei nemici della legge di Cristo e sulle loro città, villaggi e bastioni.*[23]" La questione della guerra giusta è solo uno dei tanti punti di contesa tra hussiti moderati e radicali. La loro legittimazione teologica per condurre la guerra era di fatto radicata nelle tesi degli stessi teorici della Chiesa che i crociati invocarono[24].

Le direttive belliche di Žižka

Fondamentale per la coesione degli eserciti hussiti era il loro alto grado di disciplina, che li distingueva chiaramente da tutti gli altri eserciti dell'Alto e del Tardo Medioevo. Nel 1420 i taboriti emanarono una prima direttiva di guerra su base millenaristica. Dopo il passaggio di Jan Žižka agli orebiti (dal monte Horeb della Bibbia) nel 1423, egli elaborò una distinta direttiva morale e tattica, sulla base della prima redatta nel 1420[25]. La nuova direttiva del 1423 era composta da due parti. La prima conteneva un elenco di divieti: *"I soldati di Dio dovrebbero in genere evitare qualsiasi illecito; in battaglia non dovrebbero lasciarsi vincere dalla paura, ma piuttosto mantenere le loro posizioni nell'ordine e dovrebbero diffidare dal reclamare il bottino nemico prima di aver concluso il combattimento"*[26]. *Non appena i combattimenti saranno terminati e il bottino è stato preso, dovrebbe, tuttavia, essere messo a disposizione del gruppo comune e nessuno dovrebbe tenere qualcosa per se stesso per avidità.*" Un fattore decisivo che invece contribuiva alla mancanza di disciplina negli eserciti dei cavalieri era la bramosia del bottino. Gli hussiti vietavano questo tipo di autocelebrazione sotto la minaccia di espulsione dal governo, sperando così di mantenere il campo di battaglia disciplinato. *"Il bottino trovato sul campo di battaglia dopo i combattimenti doveva essere messo a disposizione della comunità*[27]". Il settimo articolo esortava a mettere alla prova la coscienza dei combattenti accettati nell'esercito e l'ottavo li avvertiva di ritirarsi dalla linea di battaglia qualora si trovassero lì solo per la fama. La seconda metà riguardava la costituzione religiosa e morale dell'esercito. *"I soldati dovrebbero essere timorosi di Dio e obbedienti al loro capo eletto*[28]".
Inoltre, la direttiva di guerra conteneva regole severe per il comportamento da tenere durante la marcia, in battaglia e nel servizio di sentinella, perché erano viste come la base per il suc-

---

23   Laurentius-Chronik, pp. 137-138.
24   Seibt, Hussitica, pp. 16-53.
25   Durdík, Hussitisches Heerwesen, p. 55-58; Tresp, Söldner aus Böhmen, p. 25.
26   Durdík, Hussitisches Heerwesen, p. 56.
27   Tresp, Söldner aus Böhmen, p. 26.
28   Durdík, Hussitisches Heerwesen, pp. 56-59; Šmahel, Hussitische Revolution II, pp. 1297-1298

cesso militare. Così, in marcia le truppe avevano bisogno di mantenere un ordine ravvicinato e dovevano mantenere sempre il loro schieramento. L'ordine di marcia che doveva essere mantenuto fu stato descritto in dettaglio. "Liti, grida e dissenso" erano disapprovati nell'esercito e quindi venne ulteriormente stabilito che: *"Tra noi non vogliamo tollerare chi è sleale e disobbediente, i bugiardi, i ladri, i giocatori di dadi, i saccheggiatori, gli ubriaconi e calunniatori, i lebbrosi e gli adulteri, così come le donne lascive e tutti i peccatori apparenti"*[29].

Il gioco d'azzardo, l'ubriachezza e soprattutto le donne che venivano portate con l'esercito erano quindi considerati fattori che minacciavano seriamente la disciplina. La diserzione o l'accaparrarsi il bottino illecitamente costituivano reati particolarmente gravi. Le punizioni erano drastiche, infatti si legge che *"chi verrà catturato, sia esso un principe, signore, cavaliere, operaio, cattivo o qualsiasi altra persona, sarà giustiziato al collo e i suoi beni terreni verranno confiscati, come verrebbe fatto a un disonesto mascalzone che agli occhi di Dio e dei veri, ruba all'esercito ovunque si trovi o giaccia"*[30]. Soprattutto, il passo illustra anche il principio di uguaglianza a cui i membri dell'esercito orebita erano sottoposti, fossero essi nobili, borghesi o contadini.

Inoltre, la direttiva sulla guerra forniva anche un codice di condotta religioso e prescriveva con precisione le forme di preghiera nel campo e il comportamento cristiano in battaglia. Žižka collegò entrambi questi elementi. Chiunque violasse la disciplina militare o disertasse era considerato un apostata, un criminale che doveva essere punito con la morte[31].

Interessante è anche considerare le tattiche di guerra di Jan Hájek von Hodětín quando si esamina la questione di come le direttive di guerra del 1420 e del 1423 siano state poi attuate nella realtà e come esse si siano poi ulteriormente sviluppate. L'origine delle istruzioni di guerra di Hodětín fu per lungo tempo motivo di discussione nei testi di storia sulla Boemia. Nella parte introduttiva della direttiva, si indica che nel 1413 Re Venceslao I incaricò Hodětín di documentare le sue istruzioni. Alcuni ricercatori cechi lo riconoscono[32]; altri invece sostengono che siano stati scritti molto dopo le vicende hussite. Altri ancora vedono, nelle fonti tramandate, una direttiva di guerra che affonda le sue radici nel 1413 ma che veniva continuamente sviluppata con l'esperienza sul campo. Le istruzioni di Hodětín sono le più complete del suo tempo. Comprendono tutti e sette gli articoli che riguardano l'ordine interno dell'esercito, cinque sull'ordine di marcia, uno sul dovere di sentinella e sull'obbedienza e, come novità, sulla funzione degli scribi dell'esercito. Interessanti, e questo rende difficile la datazione del documento, sono due articoli riguardanti l'equipaggiamento dei carri militari e la manutenzione delle strade. Proprio quest'ultimo, che tratta di un problema di infrastrutture, indica un'epoca in cui i carri da guerra erano già ampiamente utilizzati. A quanto pare, le strade inadeguate costituivano spesso un problema per i movimenti delle armate hussite, per cui si presume che la descrizione possa essere stata riportato in seguito[33]. Un altro articolo sulle azioni in territorio nemico indica che le eventuali istruzioni furono emanate per prime intorno alle 1430. Per ultimo, vi è un particolare articolo sul comportamento da tenere verso le donne: dovevano essere risparmiate, quando possibile, e protette dallo stupro. Il fatto che questo articolo sia stato registrato in una tarda direttiva sulla guerra hussita è un'indicazione che i leader riconobbero un grave deficit nella disciplina dei loro soldati in materia. In questo contesto, il significato

---

29   Durdík, Hussitisches Heerwesen, p. 64
30   Durdík, Hussitisches Heerwesen, p. 65.
31   Tresp, Söldner aus Böhmen, pp. 25-26.
32   Tra questi ci sono Tomek, Jan Žižka, E Palacký, Der Hussitenkrieg 1419-1431, pp. 368.
33   Durdík, Hussitisches Heerwesen, p. 72.

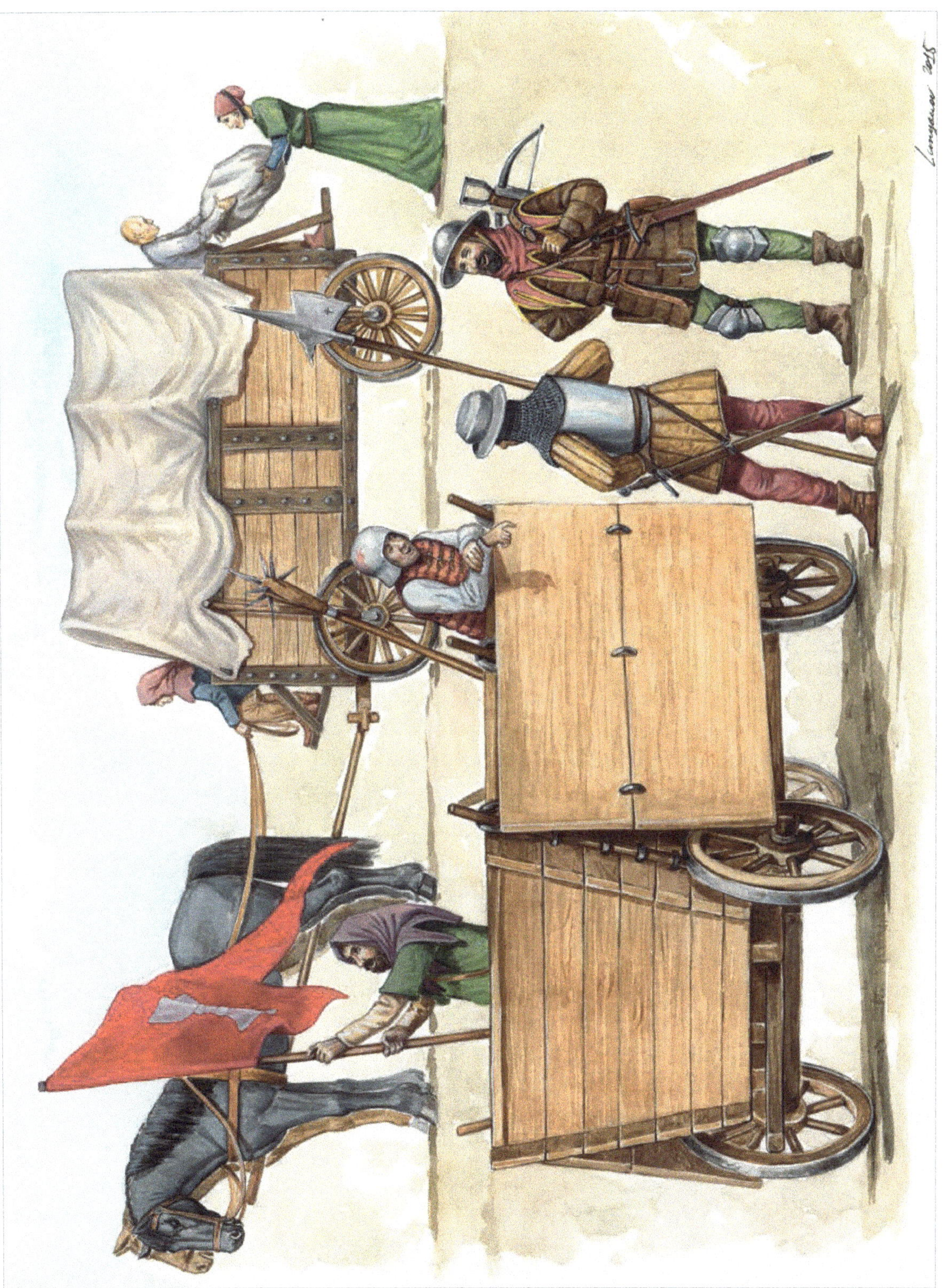

In secondo piano un semplice carro bagagli, questo veniva piazzato in mezzo al campo durante la formazione del cerchio difensivo (*wagenburg*). Il carro da guerra vero e proprio è quello in primo piano. Entrambe le ali/panche protettive servivano a fornire riparo da frecce e proiettili. L'equipaggio era composto da alabardieri, e archibugieri. Nell'immagine si nota anche un soldato che issa lo stendardo hussita con il calice.

delle canzoni popolari non è da sottovalutare. Il pezzo: *"Voi che siete guerrieri di Dio"*, *"Ktož jsú boží bojovníci"* in ceco antico forse contribuì ancora di più ad ancorare gli ideali che le direttive di guerra di Žižka cercavano di mettere in testa ai soldati semplici più di quanto facessero gli articoli stessi. In forma accattivante, la canzone comprendeva i principi essenziali: il coraggio di fronte al nemico, la pietà, l'obbedienza, la disciplina e il divieto di saccheggio per avidità. L'origine della canzone non è chiara, sebbene molti sostengano che sia stata scritta dallo stesso Žižka[34].

Il carro da guerra hussita

Un elemento centrale dell'armata hussita era il carro da guerra. La necessità di integrare nei loro eserciti un gran numero di semplici contadini, che potevano contare su falci, alcune balestre e spade, orientarono subito la tattica bellica hussita verso la difesa, altrimenti non avrebbero potuto avere la meglio su un esercito ben armato del tardo medioevo[35]. All'inizio del conflitto, il carro da guerra era una banale soluzione di fortuna: inizialmente gli hussiti usavano semplici carri agricoli per il trasporto di armi e viveri e, quando venivano attaccati, li raggruppavano a formare un "cerchio di carri" o laager. Da quell'intuizione, gli hussiti svilupparono poi un modello migliorato per scopi militari. Questi carri avevano lunghezza, dimensioni delle ruote e larghezza dell'asse uniformi e quindi probabilmente essi furono i primi veicoli militari prodotti in serie del Medioevo[36]. Le ruote dei carri erano di ferro, mentre da un lato c'era una rampa che poteva essere abbassata per permettere l'accesso al mezzo. In battaglia, i soldati con armi cariche potevano salire sul carro attraverso la rampa, poiché ricaricare balestre e colubrine era una faccenda che richiedeva molto tempo. I lati dei carri da guerra erano sufficientemente alti affinché i tiratori potessero appoggiare comodamente le loro armi. Anche all'esterno dei carri venne reso possibile abbassare un'ulteriore fila di tavole; questo doppio tavolato serviva a proteggere e a ridurre la penetrazione dei colpi nemici. Altre rappresentazioni mostrano vagoni con parapetto in cui trovano spazio feritorie triangolari per i tiratori. C'erano anche tavole che potevano essere ripiegate tra gli assi per impedire ai soldati attaccanti di strisciare sotto i carri. Le illustrazioni contemporanee a volte mostrano queste doghe con feritoie triangolari, quindi è concepibile che i tiratori fossero lì posizionati. All'interno del carro c'era anche un contenitore con pesanti pietre, la più semplice arma da lancio per difendersi dagli attacchi dei cavalieri e dei fanti.

Il carro aveva un'importante funzione psicologica per gli hussiti: questo forte mobile dava ai soldati mal armati una sensazione di sicurezza e protezione dalle cavallerie pesanti corazzate dei crociati[37]. Una tipica squadra di carri era composta da due tiratori, otto colubrine o balestrieri, due soldati con scudi pavesi o palvesi che dovevano stare tra i carri, così come otto uomini con picche o falci (chiamati *"cepníci"* in ceco). I veicoli pesanti venivano trainati da soli quattro cavalli[38]. I cannoncini erano particolarmente utilizzate nelle unità di carri. Le prime armi medievali (colubrine) erano ancora molto primitive, tradotte letteralmente dall'in-

---

34 Palacký, Der Hussitenkrieg 1419-1431, p. 363; Durdík, Hussitisches Heerwesen, p. 61.

35 Durdík, Hussitisches Heerwesen, pp. 145-147; Tresp, Söldner aus Böhmen, p. 27; Berger, Kampfkraft der Hussiten, pp. 105-107.

36 Tresp, Söldner aus Böhmen, p. 27; Berger, Kampfkraft der Hussiten, p. 107.

37 Kroener, Kriegswesen, p. 11; Turnbull, Hussite Wars, pp. 33-34; Delbrück, Geschichte der Kriegskunst, pp. 556-557.

38 Tresp, Söldner aus Böhmen, pp. 27-28; Delbrück, Geschichte der Kriegskunst, pp. 556-557.

Alabardiere e balestriere hussiti, quest'ultimo porta sulle spalle il suo scudo palvese. Disegno di Luca Cristini

glese come "palo culminante". Una colubrina ritrovata nel 1898 al Tabor consisteva solo di una canna d'acciaio lunga 42 cm con calibro di 17 mm. All'estremità della canna c'era una cavità in cui un semplice bastone rotondo di legno poteva essere montato e usato come calcio. Quando si sparava, l'asta veniva tenuta nell'ascella come una lancia. Non c'era un vero mirino. La parola boema in ceco antico per colubrina era *pístala* (che in realtà significa "tubo" e descrive la forma dell'arma), e *pístala* potrebbe eventualmente essere l'origine del nostro termine moderno di "pistola"[39].

Le colubrine venivano prodotte con un processo di saldature concentriche o con il metodo della fusione (per maggiori informazioni si veda il capitolo sull'artiglieria). Un vantaggio significativo era che la produzione per le colubrine era meno costoso che per le balestre[40].

Altre versioni consistevano in una

Un tipo di colubrina usata in quel periodo. L'artigliere spara utilizzando il classico modo del ferro incandescente. Dal Kriegsbuch di Johannes Hartlieb.

canna più corta che era attaccata ad un supporto di legno con diverse fasce metalliche. Un gancio di ferro veniva forgiato sotto la bocca in modo che l'arma potesse essere posizionata sul bordo del fianco di un carro, o su un parapetto che avrebbe aiutato ad assorbire il rinculo. Così, il cannoniere avrebbe anche potuto appoggiare il fusto, o il calcio, sulla spalla e mirare almeno approssimativamente ad un bersaglio davanti alla canna. Rappresentazioni contemporanee a volte mostrano che l'arma veniva usata da due uomini, uno incaricato di mirare e l'altro di sparare[41]. I primi colpi venivano accesi con un'asta di ferro arroventata. Queste aste erano piegate ad angolo retto e a forma di cucchiaio appiattito. Per accendere la polvere da sparo, la punta del ferro doveva essere riscaldata ad almeno 170°C. Tuttavia, questo significava che il ferro stesso fosse un ostacolo per il cannoniere durante il caricamento. Inoltre, il ferro si raffreddava molto rapidamente, cosicché il soldato addetto doveva stare sempre vicino ad un braciere pieno di carboni ardenti. Poiché era molto rischioso stare nei pressi di questo braciere durante lo sparo, l'arma doveva essere tenuta lontana dalla faccia del tiratore. Nel XV secolo, quindi la "miccia" cominciò ad essere usata sempre più spesso. Maneggiarla era assai più semplice e meno pericolosa del bastone di ferro incandescente, oltre ad offrire il vantaggio

---

39   Lugs, Handfeuerwaffen I, p. 14; Turnbull, Hussite Wars, p. 35.
40   Schmidtchen, Kriegswesen, pp. 207-208.
41   Lugs, Handfeuerwaffen I, p. 14; Turnbull, Hussite Wars, pp. 35-36.

Altra variante di colubrina. L'artigliere tiene fra le mani un arma chiamata Stabbuchse. Dal Kriegsbuch di Johannes Hartlieb.

di una maggiore durata. I ferri incandescenti inoltre erano imbevuti di clorato di potassio, per cui finivano solo per fondere piuttosto che bruciare[42]. Nel tardo medioevo le palle da sparo erano già in gran parte prodotte in piombo, e venivano fuse o tagliate da un pezzo più grande. Poiché il metallo è molto morbido e in ogni caso la sua forma può alterarsi durante il carico e lo sparo, poca attenzione fu dedicata a rendere i proiettili uniformi[43].

Gli uomini portavano le palle e la polvere da sparo in sacchetti separati, così come il fusto che non era ancora attaccato all'arma[44].

Incisioni medievali mostrano diverse opzioni di mira per queste armi. Il più delle volte, il mirino è mostrato con il calcio appoggiato sulla spalla destra. In questi, il braccio destro tiene il calcio vicino alla spalla mentre il braccio sinistro è disteso. In questo modo entrambe le mani stanno afferrando l'arma il e il rinculo può essere attutito meglio. Questo metodo di sparo dell'arma permetteva una "mira" relativamente esatta (mentre le prime colubrine con i supporti lignei corti erano molto imprecise). In ogni caso, era sempre necessario un secondo uomo per accendere la carica. È comunque concepibile che in un carro hussita il braccio sinistro fosse libero di utilizzare l'acciarino perché l'arma era appoggiata sul lato del carro o sulla bocca di tiro. Un'altra variante mostra anche il calcio dell'arma appoggiato su una spalla; un braccio allungato tiene l'arma mentre l'altro braccio accende la carica. In questo modo si poteva anche mirare in modo più preciso; tuttavia, la piattaforma di tiro non era molto stabile e non permetteva di assorbire il rinculo in sicurezza.

Nel *Bellifortis* di Kyeser è raffigurato anche un uomo che appoggia un grande strumento su un palo verticale e tiene il calcio con entrambe le mani mentre soffia nel foro di contatto. Questa illustrazione di per sé non è del tutto chiara. Chi sta accendendo la colubrina? Era un secondo uomo? O è il tiratore stesso che deve trafficare per farlo[45]? Sembra che sparare con il calcio nell'ascella fosse un metodo ampiamente usato. Per fare ciò, il braccio destro piegato teneva saldamente il calcio contro il busto mentre il braccio sinistro era esteso per tenere la

42   Dolínek/Durdík, Historische Waffen, p. 181; Lugs, Handfeuerwaffen I, pp. 14-15; Turnbull, Hussite Wars, p. 35; McLachlan, Medieval Handgonnes, p. 30.
43   Schmidtchen, Kriegswesen, p. 208.
44   Lugs, Handfeuerwaffen I, p. 15.
45   McLachlan, Medieval Handgonnes, pp. 29-33.

Esempi di cannonieri tratti dalle *Cronache di Windecke*. In entrambi i casi gli artiglieri tengono l'arma con le due mani. Non è quindi chiaro che sistemi usino per accendere la miccia.

colubrina con quella mano. Il rinculo poteva essere assorbito bene, e l'arma poteva facilmente rimanere in posizione. Tuttavia, era ancora possibile mirare al bersaglio solo in modo approssimativo, e l'accensione della carica non era semplice, dal momento che per accenderla con la miccia o il bastone di ferro con la mano destra la canna doveva essere tenuta vicina, altrimenti l'arma non poteva essere fissata nell'ascella. Una variante di questo metodo di tiro consisteva nell'afferrare l'arma con la mano destra un po' più avanti, in modo che la mano sinistra fosse libera di accendere la carica. Ma questo riduceva, ancora una volta, la stabilità dell'arma. Un'altra possibilità di tiro senza ostacoli richiedeva un secondo uomo per accendere l'arma. L'uomo con la colubrina poteva quindi afferrare il calcio con una mano molto vicino all'anca e allinearlo con un braccio teso. Lo sparo con il calcio premuto nella spalla, come avviene con i fucili moderni, non è mai mostrato nelle fonti illustrate contemporanee. A causa della natura dell'arma, è anche poco plausibile. È tuttavia concepibile che i cannoncini, che non erano attaccati ad un bastone o ad un'arma bensì legati ad un vero fusto, venissero maneggiati dagli occupanti del carro in quanto appoggiavano l'arma sul fianco del carro o sulla bocca di tiro, come nel caso del futuro moschetto, usato per fermare l'arma tenendolo sulla spalla. Come già accennato, vi erano due possibilità correlate per accendere la miccia. O l'artigliere stesso applicava il fiammifero, oppure lo faceva un aiutante. Nel *Bellifortis* si vede però anche un'arma con una sorta di leva, antesignana del moderno grilletto. Nell'illustrazione un'asta a forma di "z" passa attraverso l'albero di legno. Un'estremità dell'asta, a forma di forcella, tiene la miccia sopra il foro di contatto, l'altra estremità funge da grilletto. Il principio è simile al grilletto di una balestra. In questo modo l'arma poteva essere comodamente tenuta stretta nell'ascella e accesa senza il pericolo che il cannoniere venisse bruciato da scintille fuoriuscite dal foro di contatto. Test moderni hanno dimostrato che queste prime armi potevano sicuramente gareggiare con archi e balestre per quanto riguarda la portata. A seconda della qualità della polvere da sparo,

Carro da guerra hussita. Disegno di Luca Cristini

si potevano sparare pallottole da 600 a 950 metri. Ma la precisione era molto limitata. A una distanza di 25 metri, otto colpi su dieci potevano colpire un bersaglio alto come un uomo. Inoltre, per quanto riguarda la penetrazione, la distanza utile effettiva era al massimo di 50 metri[46]. In ogni caso, è assurdo attribuire la scomparsa dei cavalieri corazzati all'introduzione delle armi da fuoco. La cavalleria classica visse il suo ultimo periodo di massimo splendore durante il XV secolo. Il suo simultaneo declino dovrebbe essere ricondotto soprattutto a quello che oggi gli storici chiamano la "rivoluzione di fanteria".

La fanteria

Buona parte dell'esercito hussita proveniva dalle leve urbane o dai contadini, anche quando nel corso della guerra la quota di mercenari retribuiti aumentò continuamente. Furono soprattutto le classi sociali più basse - operai e contadini poveri - a riempire le fila degli eserciti campali. L'equipaggiamento degli eserciti migliorò costantemente sulla base dell'ampio bottino conquistato ogni anno. In ogni caso, il giustacorpo era presumibilmente l'indumento militare più diffuso e consisteva di diversi strati di lino cucito riempito con ritagli di stoffa, tessuto, cuoio o cotone grezzo; offriva quindi una protezione relativamente buona dai colpi di spade e armi contundenti. Anche l'abbigliamento semplice cambiò notevolmente nel periodo. L'ampia camicia di lino cambiò ben poco nel Medioevo, ma le "brache", la biancheria intima lunga simile a dei pantaloni, divenne più corta arrivando solo alle ginocchia. I gamba-

---

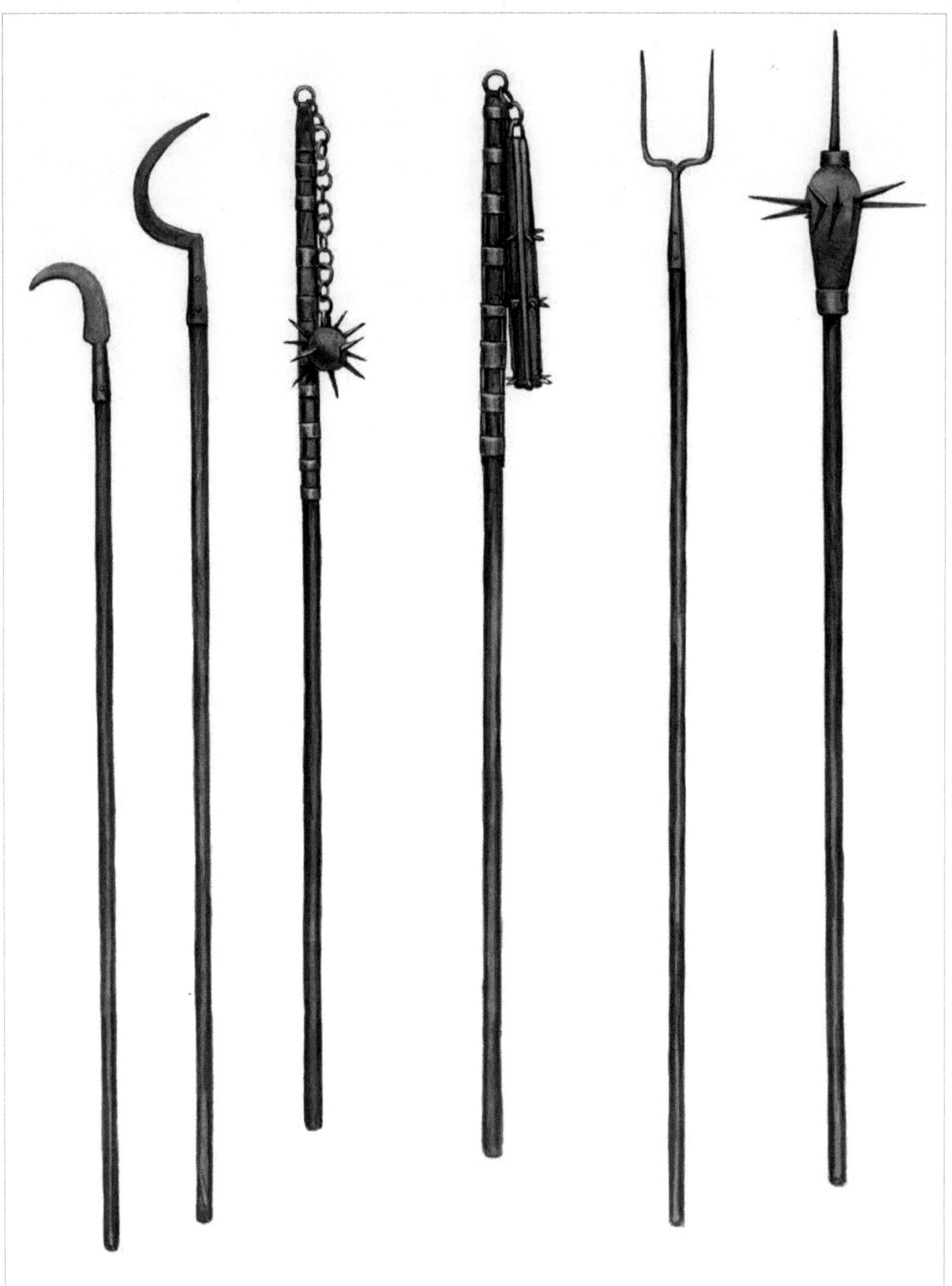

Vari tipi di armi usati dalla soldataglia hussita. A sinistra appaino due semplici falcioni, adattati per scavalcare i cavalieri avversari dalle loro selle. Segueono due mazze con catena, la prima era detta stella del mattino per via della sua forma sferica con i raggi. Completano la serie una semplice forca agricola osata come lancia e un asta irta di punte metalliche.

Ricostruzione di un flagello di guerra conservato al museo hussita di Tabor.

letti, che consistevano ancora di due pezzi separati, venivano allacciati fino ai pantaloni ma in alcuni casi questi potevano finire al piede, come i collant moderni. La "casacca" o cotta di lana[47], che poteva essere tirata sopra la testa arrivava fino alle ginocchia e trovò ampia diffusione. Il corpetto era un po' più largo ed era realizzato dalla gente comune in modo da minimizzare lo spreco di tessuto. D'altra parte, le maniche si restringevano ai polsi ed erano dotate di piccole fessure che potevano essere chiuse con bottoni. I soldati comuni, così come le milizie, utilizzavano una grande varietà di aste come alabarde, picche e le cosiddette stelle del mattino, (mazze con terminali di sfere appuntite legate con catene alla sommità dell'asta). I carri erano anche dotati di ganci spinati di particolare importanza per scalzare i cavalieri dalle loro selle. Inoltre, un gran numero di falcioni che i contadini portavano con sé venivano a volte trasformate con degli spuntoni in "flagelli di guerra" (in ceco *válečné cepy*), arma che nel XV secolo venne ampiamente utilizzata grazie agli hussiti.

Un "flagello da guerra" originale conservato a Praga è costituito solo da un lungo fusto con quattro pesanti catene all'estremità. Questo modello è chiamato anche "scorpione" ("Skorpion")[48]. Esistevano già molte di queste armi di fortuna prima degli hussiti, come le falci di guerra, disponibili in vari modelli, sia con una lama curva affilata, come una falce, o con una lama direttamente montata su di un'asta[49]. Tra le armi tradizionali, la cosiddetta "picca a punteruolo" era particolarmente popolare tra i mercenari boemi. Quest'arma aveva una lama appuntita lunga e stretta con sezione quadrata e una piastra rotonda che doveva impedire una penetrazione troppo profonda dell'arma nel corpo del nemico[50]. L'impiego di grandi gruppi di fanti in formazioni ravvicinate e armati di picche nel tardo medioevo, ebbe una certa fortuna e permise di acquisire gradualmente il sopravvento sugli eserciti dei cavalieri dell'Alto Medioevo, a tal proposito questa innovazione hussita fu alla base di quella

---

47 La casacca da uomo del XVII-XVIII secolo era una camicia larga di lana o di lino e veniva indossata sopra la chemise.

48 Dolínek/Durdík, Historische Waffen, pp. 151-152; Durdík, Hussitisches Heerwesen, p. 112; Berger, Kampfkraft der Hussiten, p. 107; Demmin, Die Kriegswaffen, pp. 444-445.

49 Demmin, Die Kriegswaffen, pp. 447-451.

50 Boeheim, Waffenkunde, pp. 315-316; Dolínek/Durdík, Historische Waffen, pp. 135-138.

che diverrà la vera arma rivoluzione della fanteria nei secoli a venire. Tali sviluppi possono essere osservati in Scozia (battaglia di Bannockburn, 1316), nelle Fiandre, in Svizzera e persino in Boemia[51]. A differenza di quanto accadeva con le truppe di fanteria dell'Europa occidentale, i boemi, tuttavia, utilizzavano delle aste relativamente corte con lunghezze del fusto da 2 a 2,5 metri nel punto più lungo. Così la fanteria boema non poteva chiudersi a riccio come facevano gli svizzeri o gli scozzesi. La fanteria era invece incaricata di proteggere il carro nelle fasi iniziali di una battaglia. In questo senso, il sistema militare hussita contribuì solo in minima parte alla rivoluzione strategica della fanteria. La spada era un'arma molto comune, tanto che anche i semplici contadini boemi ne erano in possesso. Uno speciale modello di spada boema era il "kord", una forma primitiva del pugnale a lama stretta[52]. Le spade mantenevano ancora la tradizionale forma a croce medievale con un pomolo rotondo. Le lame erano di solito affusolate dal codolo (manico) alla punta[53]. Anche se gli hussiti facevano ampio uso di cannoncini, la balestra era ancora più utilizzata dai loro tiratori, tanto che per ogni colubrina c'erano da tre a quattro balestre. Secondo la maggior parte delle rappresentazioni tramandate, gli hussiti usavano per lo più semplici balestre. Per armarle, la corda veniva tenuta in posizione da un gancio sulla cintura di vita dell'uomo; il piede in una staffa all'estremità dell'arco lo teneva a terra e, stendendo la gamba in posizione verticale, sparava l'arma. Un'altra possibilità consisteva nell'uso di un "piede di capra", una leva a due pezzi, che veniva posta tra la corda e il calcio dell'arma e poi premuta fino a quando la corda scivolava sul dado girevole. I tiranti che venivano introdotti all'epoca erano già noti, ma appaiono meno frequentemente nelle rappresentazioni contemporanee. I calci della balestra erano costituiti prevalentemente da legno, ossa e tendini animali. All'inizio del XV secolo nacquero i primi archi in acciaio, ma nell'Europa centrale e

Esempi di mazze usate dagli hussiti. In alto la citata stella del mattino. Dal "Geschichte Kaiser Sigismund" di Eberhard Windeke.

51   Nicholson, Medieval Warfare, p. 58.
52   Durdík, Hussitisches Heerwesen, p. 112.
53   Dolínek/Durdík, Historische Waffen, pp. 30-35.

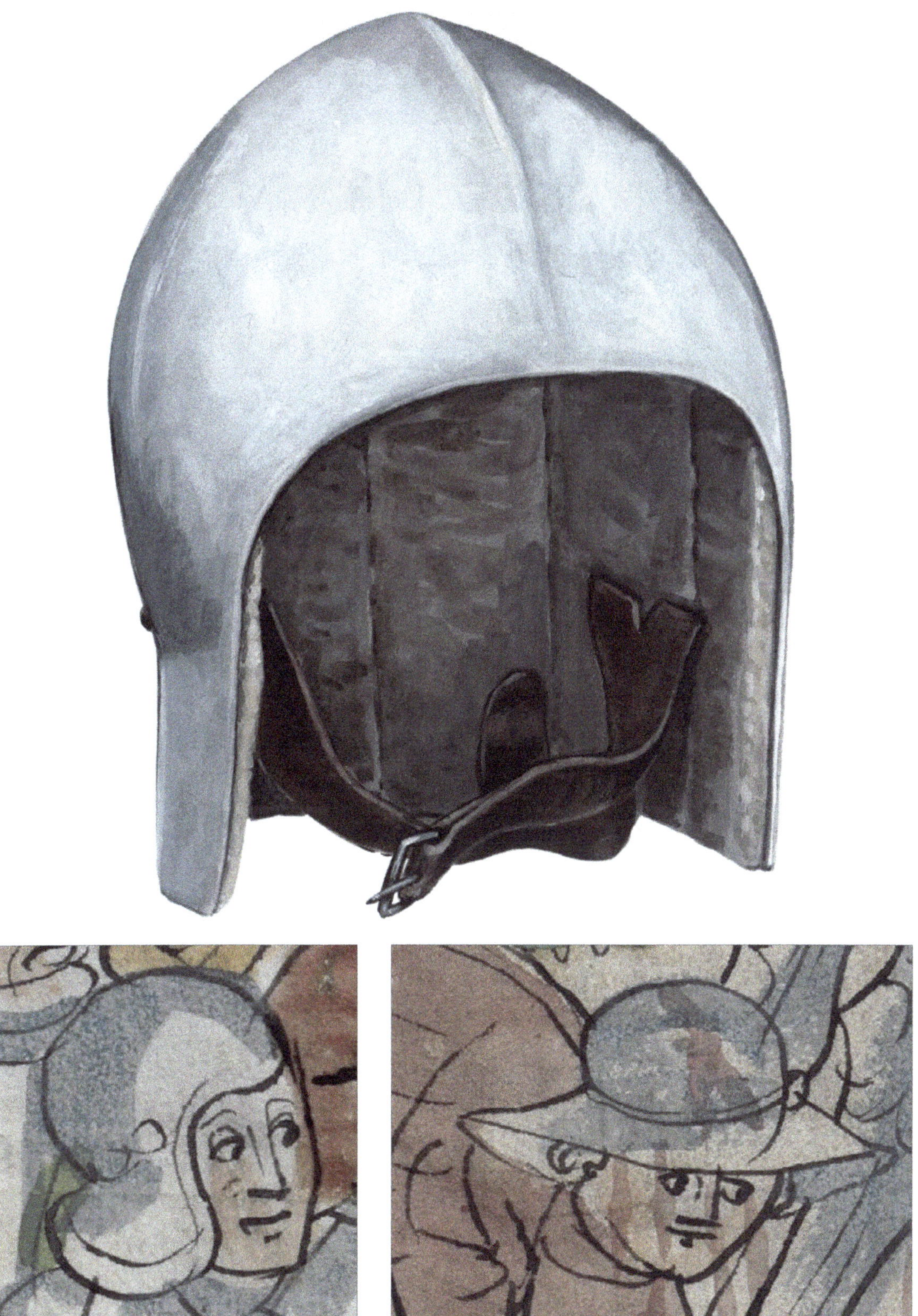

Sopra un bacinetto senza visiera molto apprezzato dai cavalieri. Nelle immagini in basso disegno contemporanei che mostrano varie tipologie di elmetti. A sinistra un bacinetto e a destra tipico cappello di ferro da guerra.

Sopra due varianti dell'elmo di ferro da guerra. Nelle immagini in basso disegno contemporanei che mostrano varie tipologie di elmetti, in entrambi i casi è mostrato un cappello di ferro da guerra.

orientale era ancora una pratica non molto affidabile. Gli archi in acciaio, infatti, potevano rompersi a basse temperature, mentre gli archi in composito aumentavano le loro capacità a temperature più basse[54]. L'arco, che gli inglesi usavano con grande successo nello stesso periodo della Guerra dei Cent'Anni, come già menzionato in precedenza, giocava ancora solo un ruolo secondario come arma nella regione centrale di lingua tedesca. Il suo ritmo di tiro era quattro volte superiore a quello della balestra. Mentre un arciere esperto poteva scagliare 12 frecce al minuto, un balestriere forte poteva gestirne solo tre[55].

In ogni caso, maneggiare l'arco richiedeva molta pratica. In Inghilterra c'era una lunga tradizione di tiro con l'arco da parte della popolazione, non così sul continente, dove invece si preferivano balestre relativamente modeste e cannoncini. Entrambe le armi potevano essere gestite efficacemente in breve tempo anche da tiratori inesperti. I dardi per balestra erano molto costosi rispetto alle munizioni dei cannoncini. Tre dardi costavano circa lo stesso prezzo di una libbra di piombo da cui si potevano ricavare ben 24 colpi. Il motivo era la complessa produzione del dardo, costituito da tre parti: la punta di ferro di solito a sezione romboidale, il fusto di legno e i due componenti di legno o di cuoio che dovevano dare al proiettile la sua stabilità. L'artigliere poteva, se necessario, lanciare o forgiare le proprie pallottole da un pezzo di piombo. Ma per la produzione di dardi era comunque sempre necessario un professionista[56].

Un'altra arma usata dagli hussiti soprattutto nella fase iniziale delle guerre, era la semplice catapulta. Vediamo catapulte hussite nei rapporti sulla battaglia di Sudoměř o l'assedio della città di Prachatic[57]. Gli hussiti avevano anche un ampio arsenale di dispositivi di protezione che veniva costantemente migliorato grazie ai bottini di guerra. Per i caschi, la semplice fanteria prediligeva varie forme di elmetti da guerra che proteggevano bene dai colpi di spada dall'alto, o il più semplice tipo a "barbuta" che si adattava perfettamente alla testa. Per la sua semplice fabbricazione, l'elmo da guerra era molto popolare tra la fanteria, e venne presumibilmente adottato già dai bizantini durante le crociate. Un tipo di casco popolare sia tra la cavalleria che tra la fanteria, era il tedesco *bascinet* che si era evoluto nel XIV secolo dal semplice elmo emisferico. Il *bascinet* proteggeva il cranio e le orecchie ma lasciava la faccia completamente libera. Il cosiddetto elmo a scodella venne sviluppato all'inizio del XV secolo. Questo tipo di casco si adattava meglio alla testa e permetteva muoversi più liberamente fino al retro del collo. Gli elmi originali conservati della metà del XV secolo presentavano una visiera o una fessura per gli occhi ed erano rivestiti con strati multipli di lino per un migliore comfort. In ogni caso, manoscritti precedenti, come il *Bellifortis* di Kyeser, testimoniano che questo tipo di casco era già in uso anche prima del periodo hussita.

Tipi popolari di scudi erano quelli che venivano poggiati a terra, detti pavesi o palvesi, che potevano anche tappare eventuali lacune del carro corazzato. Erano realizzati utilizzando una tecnica che utilizzava piccole strisce di legno compensato e poi ricoperti di pelle. Questi scudi venivano spesso dipinti in modo molto elaborato, anche per renderli impermeabili. I palvesi presentavano punte di ferro all'estremità inferiore che permettevano un migliore ancoraggio al suolo. In Boemia lo scudo era particolarmente diffuso anche all'inizio del XVI secolo, motivo per cui più tardi entrò in uso anche il termine "scudo hussita". Lo stemma nazionale

---

54   Dolínek/Durdík, Historische Waffen, pp. 173-174; Durdík, Hussitisches Heerwesen, pp. 110-11; Turnbull, Hussite Wars, p. 23.
55   Schmidtchen, Kriegswesen, p. 176.
56   Harmuth, Armbrust, p. 172-174; Bleicher, Das Herzogtum Niederbayern, pp. 236-245.
57   Palacký, Der Hussitenkrieg 1419-1431, p. 171.

Un soldato semplice hussita attorno al 1419. Per la sua protezione egli indossa un giustacorpo in cuoio ed è armato con un flagello e una daga.

della Repubblica Cecoslovacca si riferiva intenzionalmente a questa tradizione e adottava la forma di scudo pentagonale[58]. A Bilina si trova conservato uno scudo di epoca hussita, sulla cui superficie è stato dipinto il re biblico Davide vittorioso su Golia. Il calice è blasonato sullo scudo di Davide. I boemi facevano spesso riferimento a questa storia biblica, vedendosi come oppositori di una forza superiore apparentemente invincibile. Intorno al bordo dello scudo sono anche dipinti i versi di un inno di battaglia del predicatore Jan Čapek[59].

La cavalleria

Negli eserciti hussiti la fanteria aveva molta più importanza della cavalleria, che costituiva solo una piccola parte della forza totale dell'esercito. In media, per ogni cavaliere c'erano dieci uomini a piedi. Tuttavia, Žižka si preoccupò di formare una cavalleria separata, nella quale riunì uomini che sapevano cavalcare e poi fornì loro cavalli e attrezzature conquistate ai nemici. Un gran numero di cavalieri era armato di balestre. È anche immaginabile che una parte di loro fosse armata di piccoli mortai. È provato, infatti, che questo tipo di armamento fu utilizzato per la prima volta negli eserciti francesi all'inizio del XV secolo. Le illustrazioni di questo periodo li mostrano con un lungo cannone a mano appoggiato su una forca la cui punta è attaccata all'estremità del pomolo della sella. A sua volta, l'estremità dell'asta dell'arma aveva un anello o una corda per portare la pistola intorno al collo. Ottimizzare la mira era ancora più difficile che per i fanti, quindi la forca doveva fornire la stabilità necessaria per sparare quando era montata su un cavallo agitato[60]. Arcieri a cavallo e balestrieri erano presenti in molti eserciti europei in quel momento, e si può concludere che in mancanza di una cavalleria pesante, fossero la parte maggioritaria della cavalleria hussita. Come detto, la cavalleria hussita non disponeva di un gran numero di cavalieri corazzati e questo per una buona ragione. Nonostante una parte consistente di ricchi cavalieri boemi, si unì al movimento, gli hussiti non furono mai in grado di mettere sul campo un numero sufficiente di cavalieri armati pesantemente - assai costosi - per rischiare una battaglia con i potenti eserciti crociati. Le forze corazzate a cavallo hussite furono sempre composte da pochi soldati, leggermente armati e quindi agili, che avevano anche altre missioni da svolgere oltre a quelle tipiche dei cavalieri tedeschi. Detto ciò, l'attrezzatura dei nobili hussiti non sarebbe stata molto diversa da quella dei cavalieri crociati. All'inizio del XV secolo, come nuovo tipo di casco, entrò in uso il bascinet. Aveva finalmente sostituito il pesante elmo che limitava la visibilità. La maggior parte delle volte non veniva indossato fino a poco prima della battaglia. Per proteggere la testa senza bisogno di un elmo, i cavalieri rinforzavano i loro copricapi di maglia metallica con tappi d'acciaio. Il bacinetto terminava nella parte posteriore per poter deviare meglio i colpi di spada, e una sorta di imbottitura veniva messa tra il casco e la testa per migliorare la flessibilità e la protezione. Nel XIV secolo, questo modello era già integrato con una visiera che poteva essere attaccata al casco in vari modi. In origine, sul lato della coppa del casco si applicava una cerniera in modo che la visiera potesse essere semplicemente ruotata verso l'alto. Poi, tra il 1330 e il 1340 in Italia, apparve un sistema di fissaggio più stabile, grazie ad un cardine su ogni lato del casco, introdotto all'inizio del XV secolo. In questo modo la visiera si agganciava saldamente quando veniva sollevata e, inoltre, poteva essere rimossa senza difficoltà quando necessario.

---

58   Bocheim, Waffenkunde, pp. 179-182; Durdík, Hussitisches Heerwesen, p. 114.
59   Royt, Hussitisches Bildpropaganda, pp. 344-345.
60   Delbrück, Geschichte der Kriegskunst, pp. 569.

Ulrich von Rosenberg, pur appartenendo alla setta degli Utraquisti combatté per re Sigismondo contro gli hussiti. Indossa la tipica armatura centro europea attorno al 1420. Un semplice bacinetto senza visiera. Il torso protetto da una cotta d'arme e da un pesante giustacorpo in cuoio. Porta un tipico scudo del periodo con l'occhiello per appoggio della lancia.

Esempio di carro da guerra (kriegswagen) dal *Alte armatur und ringkunst* di Hans Talhofer (1459). A sua volta questo disegno è una copia di quello mostrato nel "Bellifortis" di Konrad Kyeser.

Fu attorno al tardo 15 secolo che il "hundsgugel" o bacinetto a forma di faccia di maiale divenne molto popolare fra i cavalieri. Mentre quello sulla sinistra è del tipo a punta, modello assai popolare nelle regioni tedesche.

Esempi contemporanei dell'uso del martello da guerra, di piatto, di punta ecc. Da Geschichte Kaiser Sigismunds di Eberhard Windeke.

Un cannoniere a cavallo. Non è ancora certo che al tempo degli hussiti vi fossero cannonieri a cavallo, la ricostruzione si basa su una descrizione francese del primo 'quattrocento. Il cavaliere del XV secolo indossa armatura e bacinetto, cotta di maglia ecc. Tiene la colubrina fra le mani aiutandosi con uno speciale supporto che la tiene ancorata alla sella.

Esempi detttagliati sull'uso di vari tipi di cannoni pesanti usati durante gli assedi. Quelli che appaiono nelle immagini sono del tipo detto "Tarassbuschen" (cannone a cavalletto). Riconoscibili (i due in alto dai supporti posti sotto la canna del pezzo. Il cannone in basso a sinistra è invece del tipo a terrazza, che poggia cioè su un supporto di legno atto ad assorbire il rinculo. In basso a destra invece sono mostrate due bombarde (Legestucke). Immagini tratte dal più volte citato "Geschichte Kaiser Sigismunds" di Eberhard Windeke.

In questo periodo, soprattutto in Italia e nella regione della Germania centrale, questa visiera assunse una forma appuntita simile al muso di un cane, motivo per cui questo casco fu chiamato "Hundsgugeln" (Hund significa cane e Gugel è in realtà un cappuccio di tela, quindi un "cappuccio per cani")[61]. Poiché i cavalieri degli eserciti europei del XIV e XV secolo erano protetti da una complessa, migliorata pesante armatura, le armi massicce da combattimento divennero sempre più importanti. Tra queste vi erano due armi in particolare: la mazza e la cosiddetta "stella del mattino". La mazza era un'arma battente che poteva essere usata con una sola mano, e all'estremità veniva montata una palla massiccia oppure una serie di lame spesse disposte intorno all'albero. Ai vescovi combattenti piaceva usare la mazza perché era loro proibito portare le spade. Anche Jan Žižka viene mostrato più volte nelle rappresentazioni contemporanee con la mazza[62].

La seconda arma più semplice era la stella del mattino, nella quale la palla massiccia che avrebbe dovuto colpire le teste nemiche aveva una serie di punte pesanti attaccate alla base. La stella del mattino era ampiamente usata dagli hussiti sia come arma da corpo a corpo che come arma a distanza. Un'altra arma da combattimento a bastone era il martello da guerra che ebbe origine nell'Europa dell'Est nel XI secolo. I vari nomi che questa arma assunse nel XV secolo (becco d'aquila o becco di falco, per lo più) portano alla conclusione che l'arma fu usata soprattutto dalla parte con l'estremità appuntita e non con quella spuntata. Questo ha senso, dal momento che un colpo sferrato con forza da un cavaliere avrebbe facilmente potuto penetrare qualsiasi armatura. Naturalmente l'ascia da combattimento era ancora usata come prima arma[63].

Nel corso del Medioevo lo scudo diminuì d'importanza, come dimostra il suo progressivo accorciamento. Intorno al 1.400 assunse una forma rettangolare, a volte quasi quadrata, altre volte arrotondata. Gli scudi facilmente trasportabili dai cavalieri, avevano una profonda tacca in alto a destra in cui il cavaliere poteva appoggiare la lancia[64]. Nonostante la sua forza limitata, questa cavalleria svolgeva comunque importanti missioni. Durante la marcia, i cavalieri, leggermente armati, si sparpagliavano e fungevano da occhi e orecchie dell'esercito. A volte avanzavano in fretta fino a distanziarsi diversi giorni rispetto alle più lente fanterie. Nelle battaglie, le truppe a cavallo ben riposate, permettevano un tenace inseguimento del nemico. Anche in questa fase dei combattimenti i cavalieri hussiti infliggevano spesso pesanti danni.

L'artiglieria

Gli eserciti hussiti furono i primi ad usare il cannone in grande scala come artiglieria da campo. Anche se oggi nei musei si trovano soprattutto cannoni in ferro forgiato, la maggior parte dell'artiglieria hussita era costituita da cannoni in bronzo, ma poiché il materiale era molto costoso, questi venivano spesso fusi e rifusi[65]. All'inizio del XIV secolo, parallelamente al processo di fusione in bronzo, si producevano prevalentemente cannoni unendo barre di ferro metalliche. A questo scopo, alcune barre di ferro (doghe) venivano posizionate ad anello e intorno ad esse venivano aggiunte delle fasce di ferro incandescente (cerchi). Durante il raffreddamento, le fasce si contraevano e conferivano al cannone la sua solidità. Il vantaggio di questo metodo di produzione era che quasi tutti i fabbri sapevano fabbricarlo, purché avessero

61   Beaufort-Spontin, Hundsgugel, pp. 60-62.
62   Williams, The mace, pp. 34-35.
63   Demmin, Die Kriegswaffen, pp. 455-463.
64   Boeheim, Waffenkunde, pp. 176-177, 181; Durdík, Hussitisches Heerwesen, pp. 114-116.
65   Durdík, Hussitisches Heerwesen, pp. 88-89.

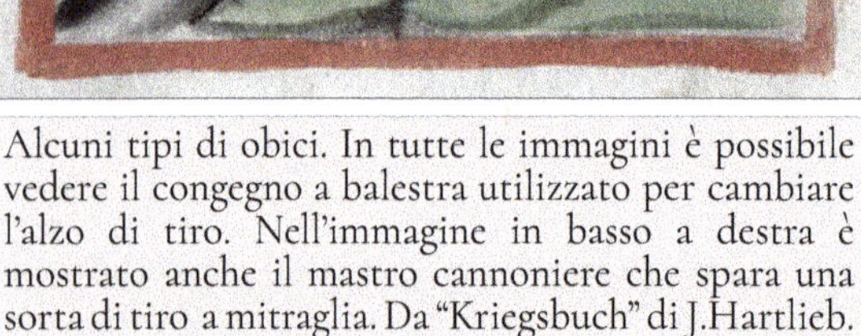

Alcuni tipi di obici. In tutte le immagini è possibile vedere il congegno a balestra utilizzato per cambiare l'alzo di tiro. Nell'immagine in basso a destra è mostrato anche il mastro cannoniere che spara una sorta di tiro a mitraglia. Da "Kriegsbuch" di J.Hartlieb.

gli strumenti necessari. Il metodo di fusione in bronzo richiedeva, invece, una particolare esperienza. A favore del metodo di fusione va detto che il cannone a cerchio metallico non era molto stabile. Entrambi i metodi furono comunque utilizzati fino al XVI secolo. Ancora nel 1588 la maggior parte dei cannoni dell'Armada spagnola veniva fabbricata con il processo a cerchio, mentre i cannoni delle navi inglesi erano fusi interamente in bronzo fuso[66]. Per quanto riguarda il processo di fusione in bronzo, il primo passo era quello di produrre un modello in scala 1:1 in cui un palo di legno veniva avvolto in corde e argilla. La superficie veniva poi levigata e se desiderato adornata con decorazioni. In seguito il modello era coperto di sebo. Poiché la bocca era uno dei punti deboli del cannone, veniva attaccato una "sovracanna" più lunga che veniva poi accorciata. In questo modo era possibile aumentare lo spessore del metallo sulla bocca completata. Infine, intorno a questo modello si procedeva a realizzare lo stampo vero e proprio. Questo era fatto in argilla ed era rivestita strato per strato mentre il modello girava sul fuoco in modo che la massa si asciugasse più rapidamente. Il sebo

---

66   Schmidtchen, Bombarden, Befestigungen, Büchsenmeister, p. 27.

Sopra esempio di ariete leggero usato nella seconda metà del 15° Secolo. Sotto possiamo apprezzare la forma del mantelletto protettivo degli artiglieri intenti a caricare il cannone. Notate anche la complicata struttura atta ad assorbire il rinculo dei colpi sparati. Dal "Deuerwerksbuch".

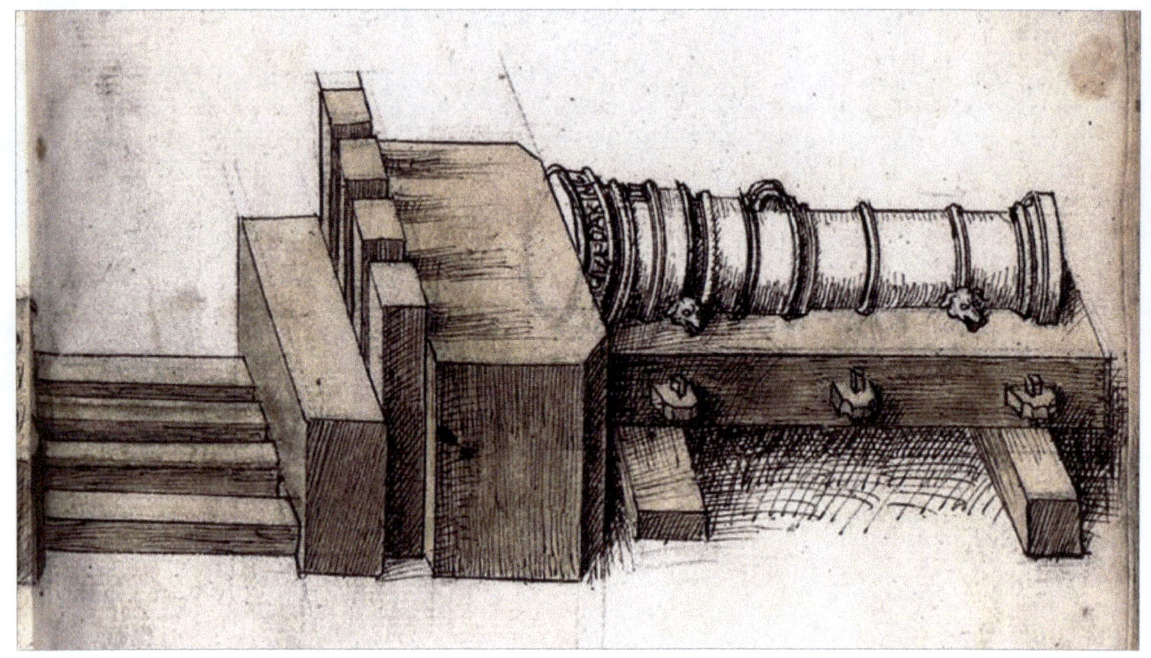

Altra immagine che mostra la complicata struttura atta ad assorbire il rinculo. Dal "Deuerwerksbuch".

si scioglieva e il fusto con le corde veniva estratto dallo stampo. Questo veniva poi rinforzato con bande metalliche e più tardi s'inseriva un' anima di ferro delle dimensioni del diametro del calibro successivo. Solo alla fine del processo veniva ricavato un imbuto nel calco, sopra il quale veniva versato del metallo fuso e, dopo che questo si era raffreddato, la forma dell'involucro poteva essere rotta per liberare la fusione. Il processo richiedeva molti giorni ed era molto costoso. Di tanto in tanto il getto risultava irregolare o comparivano delle crepe che il produttore notava solo alla fine del lavoro. Talvolta, invece, la superficie del cannone appariva incontaminata e il produttore non notava nessuna crepa. Un cannone prodotto nel 1407 a Monaco di Baviera con questo processo esplose per questo motivo durante il suo primo tiro di prova[67].

Durante le guerre hussite, l'artiglieria crebbe di importanza in modo tale che anche lo status dei fabbricanti di armi migliorò. All'inizio del XV secolo, la produzione di cannoni era strettamente legata alle città, perché queste ultime disponevano non solo dei mezzi finanziari necessari per la loro produzione, ma anche delle relative maestranze. Questo non era diverso in Boemia rispetto all'Impero. Nel 1419 a Praga c'erano addirittura sei fabbricanti di armi che vivevano degli ordini della metropoli moldava, ma ricevevano incarichi anche dalle città boeme più piccole. Ma a quel tempo i cannoni venivano prodotti anche in città come Jičín o Stříbro, che si erano arricchite grazie all'estrazione dell'argento. Poi, verso il 1420, comparirono le prime testimonianze sui produttori di armi a Karlštejn, Prachatice, Most, Kutná Hora e Znojmo. In Boemia i fabbricanti di armi erano artigiani ben pagati che venivano retribuiti direttamente dalle città e dai comuni. A Znojmo ricevevano uno stipendio regolare e una retribuzione settimanale supplementare di 14-24 Groschen[68] per la produzione di cannoni particolari. Per questo motivo, le alleanze urbane fra varie città erano di importanza centrale per rifornire gli eserciti di campo soprattutto con armi da fuoco. Nel 1421, almeno 22 città

---

67   Schmidtchen, Bombarden, Befestigungen, Büchsenmeister, p. 32

68   Nota del traduttore: Groschen (dal latino grossus) era il nome (a volte colloquiale) di una moneta d'argento usata in vari stati del Sacro Romano Impero.

Balestriere hussita. Il grande scudo palvese offriva al soldato un ottimo riparo, specialmente nell'atto di ricaricare la balestra. Arma relativamente semplice spesso decorata con il calice, simbolo del movimento hussita, molto spesso però riportava anche immagini e decorazioni assai elaborate. Alla cintura il balestriere ha agganciato una sorta di faretra per contenete i dardi della balestra.

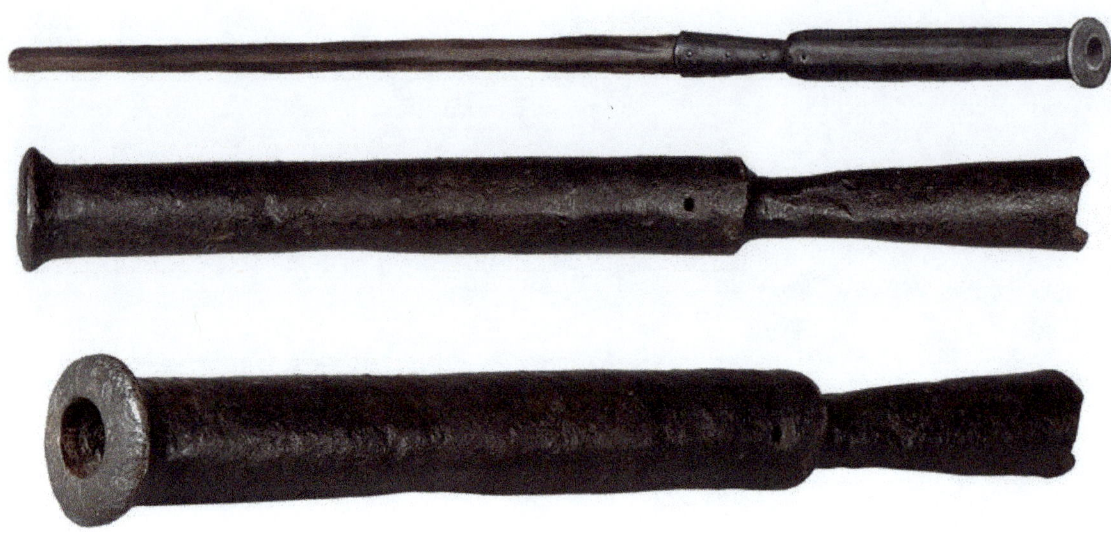

Sopra tre immagini di cannoni manuali, o cannoncini di Tabor (Taborbhuscen). Si tratta di semplici colubrina con una camera cava nella parte finale, con una bocca per inserire i proiettili ed un foro per l'accensione della miccia. Il modello più in alto mostra infine anche il supporto ligneo utilizzato per maneggiare con più precisione l'arma. Questi tipi di cannoni a mano erano molto utilizzati nel tardo XV secolo.

Sotto esempi di cannoni a terrazza e loro traino. Al tempo delle rivolte hussite, i cannoni da campo, ad eccezione dei mortai non erano mobili e erano fissati su piattaforme preparate, solitamente per gli assedi. Disegni tratti da "Zeughausinventar von Landshut" di Ulrich Bessnitzer del 1485.

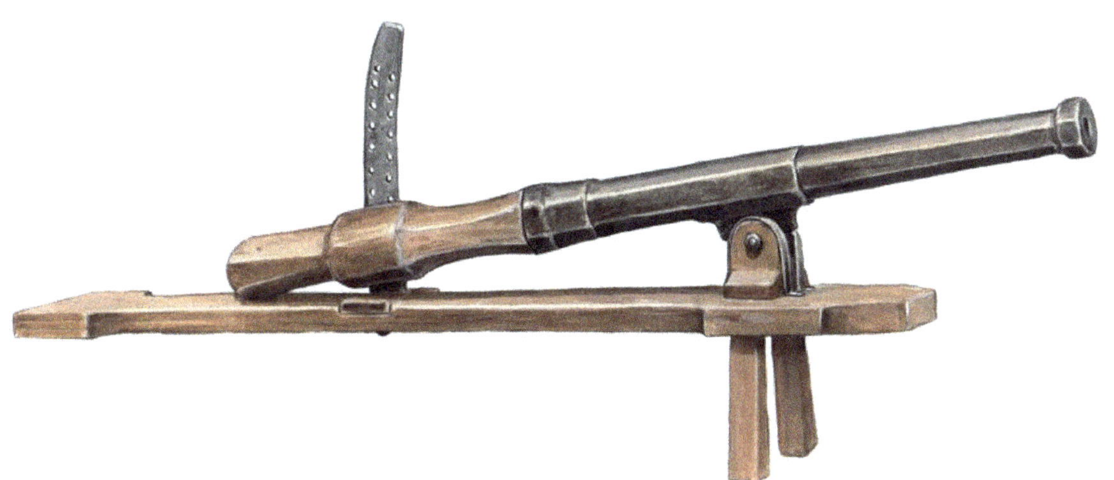

appartenevano all'Alleanza della città di Praga (in praghese "*pražský městský svaz*"), e nel 1427, 33 appartenevano all'Alleanza dei taboriti e degli orfani (in ceco "*táborský*")[69].

Il cannone più usato negli eserciti hussiti era il cannone a "terrazza" o a "cavalletto". Questo aveva una canna allungata che misurava da 21 a 29 volte il calibro. Come regola generale, il calibro era da 40 a 50 mm ma poteva anche raggiungere i 100 mm. Inizialmente questi cannoni sparavano solo proietti di pietra, ma gli hussiti cominciarono a forgiare munizioni in ferro. La loro portata effettiva era di circa 250-300 metri. Il nome "a terrazza" deriva dal pianale di legno stazionario, su cui si appoggiavano. Rappresentazioni del XVI secolo mostrano come il cannoniere, durante lo sparo di un tale cannone, si appoggiava alla parte posteriore del telaio per assorbire il rinculo. Questa tecnica fu probabilmente utilizzata anche nel XV secolo. Grazie al loro peso ridotto, erano facili da maneggiare e quindi si svilupparono in un prototipo del moderno cannone da campo. In ogni caso il calibro piccolo limitava l'efficacia di questo tipo di cannone[70]. La balista hussita fu un'ulteriore importante innovazione. Essi appaiono per la prima volta in fonti scritte nel 1440, nonostante ci siano immagini datate 1430, mentre i cronisti della fine del XV secolo sostenevano che questi tipi di cannoni erano già stati usati nella battaglia di Ústi nad Labem del 1426. Avevano una canna essenzialmente corta da tre volte e mezzo a quattro volte la misura del calibro. Nessun cannone del periodo hussita rimane oggi, ma un pezzo quasi contemporaneo proveniente dall'Austria presenta un calibro di 160 mm. Il diametro della camera delle polveri era, al contrario, significativamente più piccolo. La canna veniva fissato ad una base di legno con ferro e montato su un carrello a due ruote. Alla fine della base c'era un arco che permetteva di cambiare l'altezza dell'arma. Il termine "obice" deriva dalla parola ceca "*houfnice*" ("*houf*" significa "folla", cioè l'obiettivo dell'arma)[71]. Con lo sviluppo di un cannone da campo mobile, gli hussiti fecero un passo importante nel ramo dell'artiglieria[72].

Oltre a ciò, gli eserciti hussiti avevano grandi cannoni e bombarde per gli assedi. Si trattava di pesanti pezzi di ferro forgiato che spesso potevano essere trasportati solo smontati, e poi montati in seguito su piattaforme fisse nel luogo dell'assedio. Per questo motivo, erano chia-

---

69   Durdík, Hussitisches Heerwesen, pp. 86-88; Berger, Kampfkraft der Hussiten, p. 102
70   Durdík, Hussitisches Heerwesen, pp. 95-97; Turnbull, Hussite Wars, pp. 36-37
71   Durdík, Hussitisches Heerwesen, pp. 98-100; Turnbull, Hussite Wars, pp. 37; Berger, Kampfkraft der Hussiten, p. 107.
72   Delbrück, Geschichte der Kriegskunst, p. 568

Jan Žižka Guida l'armata in campagna. Dal Codice Jena 1490-1510

mati anche "pezzi in posa". Per assorbire l'enorme rinculo, furono costruite degli spallacci e le canne venivano bloccate con cunei di legno. La loro portata era molto limitata, non da ultimo a causa delle canne molto corte (circa il triplo del calibro). Potevano raggiungere una portata massima di oltre un kilometro, ma erano efficaci fino a non più di 500 metri al massimo[73]. A queste grandi distanze l'effetto dei bombardieri si riduceva drasticamente. Le pesanti pallottole di pietra rimbalzavano sulle pareti senza effetto. Anche la polvere da sparo, ancora inefficiente, contribuì a questa debolezza. Il rapporto stechiometrico ideale di 6,4 parti di salnitro, 1,2 parti di carbone e una parte di zolfo fu scoperto per la prima volta nel 1597[74].

Il *Feuerwerksbuch* del 1420 dà tre diversi rapporti di miscelazione, tutti con troppo poco salnitro e troppo zolfo. Per la polvere "comune", cioè il tipo di polvere più frequentemente usato, il rapporto era di 2 a 0,5 a 1; per la polvere migliore era di 2,5 a 0,5 a 1 e per la polvere forte era di 3 a 0,5 a 1. Perlomeno all'epoca si sapeva che il salnitro era decisivo per migliorare l'efficacia[75]. Se i mastri cannonieri cercavano di aumentare la quantità di polvere da sparo, il rischio che il cannone scoppiasse a causa del processo di colata ancora immaturo era notevolmente maggiore. All'inizio del XV secolo, il rapporto polvere/peso del proiettile era solo di 1:13. Solo alla fine del secolo salì a 1:2. Fino ad allora l'efficacia e la durata della vita dei cannoni erano molto limitate. Durante l'assedio del castello di Karlštejn nel 1423, il cannone "Prazka" scoppiò dopo soli sei colpi, la "Jaromirka" dopo sette, mentre la "Rychlice" sparò 30 volte prima di scoppiare. I muri, invece, subirono i danni maggiori dall'uso della balista convenzionale[76].

Le città e i paesi della Boemia non erano, a quanto pare, gli unici che producevano polvere da sparo. I commercianti della città imperiale di Norimberga fecero molti viaggi con vagoni pieni fino alle città hussite. Il re Sigismondo e gli altri principi imperiali se ne lamentavano. Ci sono alcune lettere esistenti in cui il consiglio comunale si difende dalle accuse secondo cui i mercanti di Norimberga avevano venduto polvere da sparo agli hussiti. La frequenza di queste lettere dà il ragionevole sospetto che il commercio abbia avuto luogo spesso perché anche il Papa condannava queste attività[77]. Nel 1424, i mercanti della città di Ratisbona furono avvertiti da Sigismondo: *"che nessuno dia agli eretici in Boemia e altrove, alcun aiuto, assistenza, o consiglio con parole o con altre opere, né con cibo, bevande o altri aiuti, che si tratti di vino, pane, grano, sale, merci, alimenti, spezie, armature, armi, polvere da sparo o altro, per cui non farete altre cose, come le chiamate voi, mentre siete in viaggio"*[78].

Nonostante il loro sistema di artiglieria altamente sviluppato, gli hussiti si affidavano ancora anche a catapulte a trabucco per gli assedi. Nel 1420 i Praghesi e i taboriti spararono al castello di Hradschin con grandi catapulte. Nel 1422 il castello di Karlstein fu sottomesso con cinque baliste. Queste catapulte di contrappeso raggiunsero dimensioni considerevoli e avevano grandi portate. Ancora oggi è visibile la piattaforma per un trabucco che fu usata nell'assedio del castello di Lichnice nel 1428-29. Misura 36 x 25 metri e si trova a 470 metri dal castello. Una piattaforma simile si trova a 300 metri dal castello di Sion, che uno degli eserciti di Sigismondo attaccò e distrusse nel 1437. Ha la forma di un rettangolo con una misura di 20 x 26 metri[79].

---

73   Durdík, Hussitisches Heerwesen, pp. 100-106.

74   Schmidtchen, Bombarden, p. 115

75   Hassenstein, Feuerwerkbuch, p. 25

76   Palacký, Der Hussitenkrieg 1419-1431, p. 321; Turnbull, Hussite Wars, p. 37.

77   Polívka, Handelsbeziehungen, pp. 164-166; Palacký, Urkundliche Beiträge I, Nr. 152, pp. 163-164 e Nr. 176, p. 189-190; Nr. 385, p. 432

78   Palacký, Urkundliche Beiträge I, Nr. 294, p. 339; and Nr. 295, pp. 340-341

79   Durdík, Hussitisches Heerwesen, pp. 110-111; Berger, Kampfkraft der Hussiten, p. 102.

Strutture militari difensive in uso durante le guerre hussite. Sopra una sorta di pesante palvese con strutture di rinforzo in metallo per ancorare solidamente al terreno lo scudo. Mentre il vagone protetto mostrato in basso serviva a riparare i soldati che approcciavano le mura dei castelli nemici. Da "Feuerwerksbuch".

BANDIERE

 difficile stabilire un'araldica completa per le forze hussite poiché molti nobili boemi si unirono all'esercito che portava già i propri stemmi e bandiere. D'altra parte, gli eserciti da campo avevano solo due simboli ampiamente usati. Il più diffuso era il calice come simbolo di base delle loro esigenze religiose (la "comunione in entrambi i tipi"). La sua implementazione assunse forme molto diverse tra loro: semplicemente come silhouette, ma anche ostentata come una versione scolpita[80]. Insieme al calice, anche il simbolo dell'oca appare spesso. L'oca era una traduzione simbolica del nome "Hus" ("husa" in ceco vuol dire oca). A volte i due simboli venivano combinati. Per questo motivo, ci sono raffigurazioni contemporanee che mostrano bandiere con un'oca che beve dal calice. Il rosso sembra essere stato il colore di base più popolare, mentre i calici venivano mostrati più spesso in giallo o nero[81].

---

80   Turnbull, Hussite Wars, p. 23
81   Ibid., p. 47.

In entrambe queste immagini sono bene visibili le oche in mezzo agli stendardi hussiti. Dal *"Geschitchte Kaiser Sigismunds"*.

"

Esempio d'uso di un carro da guerra carico di pietre e lanciato contro una trincea di soldati nemici, secondo una tattica di Jan Žižka durante la battaglia di Malesov (Maleschau)- Da "Bellifortis"di Kyeser.

STRUTTURA DELL'ESERCITO

a ricerca sull'organizzazione dell'esercito hussita non fornisce ancora dettagli definitivi sulla struttura e sulla forza lavoro. Tuttavia, è certo che l'esercito da campo era meglio organizzato e più integrato di altri eserciti da campo europei dell'epoca. Lo storico ceco Jan Durdik sospetta che tutti e quattro i rami dell'esercito hussita - carri armati, fanteria, cavalleria e artiglieria - possedevano i propri capitani o comandanti[82]. Nelle fonti, vengono indicati solo un comandante per i vagoni e uno per la cavalleria. L'esistenza di un capitano o comandante per la fanteria e di un capitano o comandante per i cannoni sembra ragionevole, ma sarebbe stato difficile dal punto di vista organizzativo perché entrambi i rami facevano parte anche delle forze armate. Anche se i cavalieri e la bassa nobiltà dominavano come capi, in base alla loro formazione militare, c'erano sicuramente anche capitani di origine contadina o delle corporazioni degli artigiani. Lo scalpellino Mares Krsnak era il capitano dei taboriti e morì nella battaglia di Lipany. D'altra parte, due fratelli di Padarov erano semplici agricoltori prima della guerra. Velek Koudelnik, capitano degli orfani, aveva già lavorato come artigiano nella città nuova di Praga; il suo successore, Cert, era un taglialegna, mentre si presume che Pesek Zahradnik provenisse dalle file degli orticoltori (*zahradnik*= giardiniere). Oltre alle divisioni tattiche dell'esercito, esisteva anche una divisione sociale nelle comunità. Le leve provenienti da singole città o zone rurali stavano insieme, portavano i nomi delle città più importanti della loro regione ed erano, di nuovo, guidati dai loro stessi capitani[83]. Ma la divisione sociale era una caratteristica unica dell'esercito orebita che Jan Žižka creò con la sua direttiva sulla guerra del 1423. In compenso, l'esercito taborita sembra essere stato più strutturato a livello regionale, perché nei testi delle fonti i nomi degli anziani sono composti da sempre con i nomi della città. Per esempio, in un testo si legge: *"Noi capitani, signori, cavalieri, nobili, scudieri, il sacerdote Procopio e altri anziani della comunità del Tabor, nel campo e a casa, delle città di Klatovy, Pisek, Sušice, Prachatice, Domažlice..."*[84]. Al contrario, in una fonte comparabile sull'esercito Orebita, si legge: *"Noi, il fratello Jan Žižka del Calice [...] e tutte le comunità di signori, cavalieri, scudieri, città..."*[85].
Su questo tema fondamentale dell'uguaglianza a prescindere dall'origine della classe, si può trovare una possibile ragione per la rottura del comandante cieco Žižka con i taboriti. In ogni caso, la struttura regionale dei taboriti aveva un notevole vantaggio per la mobilitazione dell'esercito. L'esercito orebita ebbe certamente maggiori difficoltà nel riunire il personale delle sue comunità che si trovavano in zone diverse a livello regionale e socialmente separate. Nell'esercito di Žižka c'erano comunità di signori, cavalieri e borghesi, di artigiani, di cittadini e contadini. Queste comunità costituivano soprattutto le unità organizzative di base. L'autorità disciplinare rimaneva al loro interno, ad esempio, affrontando i reati durante il turno di guardia. Inoltre, i rappresentanti della comunità venivano coinvolti nella distribuzione del bottino. Non si può dire con certezza, ma è molto probabile che i rappresentanti della comunità e i capitani fossero spesso, forse sempre, le stesse persone, perché i rappresentanti della

82   Durdík, Hussitisches Heerwesen, pp. 150-151; Berger, Kampfkraft der Hussiten, p. 103.
83   Berger, Kampfkraft der Hussiten, p. 103
84   Seibt, Hussitica, p. 163.
85   Ibid., p. 162.

Vari tipi di micce e acciarini da cannone. I tre modelli più in basso sono i famosi ferri che venivano resi incandescenti e che vennero col tempo sempre più sostituiti con le micce a combustione.

comunità appartenevano anche al Consiglio degli "Anziani" (*rada staršich* in ceco). Nella direttiva sulla guerra di Žižka viene ben descritta questa struttura. La direttiva del 1423 nominò il comandante, Žižka, come primo capitano, cioè il comandante più anziano.

Esso era assistito da un consiglio dei capitani più anziani (spesso chiamati semplicemente "i vecchi") che si supponeva fossero i capi dei singoli rami. Le questioni riguardanti il dovere di guardia e gli ordini di marcia, ma anche le operazioni militari, dovevano essere risolte in modo collaborativo da questo consiglio. La composizione di una singola unità di carri da guerra è già stata presentata. Dieci carri da guerra erano subordinati ad un "*desátník*" (leader di dieci) il cui compito era soprattutto quello di garantire il mantenimento dell'ordine di marcia. Il *desátník* era subordinato al capitano della colonna del carro, che comandava l'intera colonna di marcia. Il comandante dei carri da guerra (in ceco "*hejtman nad vozy*") era il capo del ramo del carro[86].

La cavalleria era divisa in vari gruppi che erano di primaria importanza quando l'esercito era in marcia. Alla guida di ogni movimento dell'esercito c'era un'avanguardia (*honci*) con un "gruppo perduto" (*Stracenci*), l'unità di ricognizione vera e propria e una riserva (*posilci*). I fianchi delle colonne di marcia erano assicurati da scudieri (*stranci*). Il capitano della cavalleria comandava tutte le truppe montate[87]. Si presume che solo i soldati che non erano assegnati ai carri da guerra fossero subordinati al capitano di fanteria. La loro più piccola formazione tattica era la "rotazione", che doveva essere separata in picchieri e tiratori (balestrieri, arcieri e pistole) a seconda del loro tipo di armamento. È possibile che la rotazione servisse anche a formare la tenda e la cucina da campo. Erano inoltre subordinati ad un "*rotný*". Tuttavia, in battaglia, gruppi più grandi erano sotto "*setník*" (un centurione) che era di maggiore importanza[88]. Soprattutto per ragioni organizzative, era certamente ragionevole affidare le armi ad un capitano. Tuttavia, non c'erano raggruppamenti tattici o batterie sotto di lui. In battaglia il cannone operava indipendentemente sotto il capitano d'artiglieria (*střelmistr* in ceco)[89]. I taboriti divisero il loro esercito in un "Esercito della Patria" (in ceco "*zemská hotovost*"), il cosiddetto "Vecchio Tabor" e il vero e proprio esercito da campo, il "Nuovo Tabor". L'esercito di campo veniva impiegato per le campagne offensive, mentre l'Esercito della Patria rappresentava una prima forma di guardia

---

86   Durdík, Hussitisches Heerwesen, pp. 145-148.

87   Ibid., pp. 148-150.

88   Ibid., p. 146.

89   Ibid, pp. 144-146.

Esempio d'uso di una scala d'assedio con uncini per poter ancorare la macchina con sicurezza alle mura nemiche. Da "Bellifortis"di Kyeser.

domestica che doveva essere mobilitata solo per situazioni difensive ed emergenze[90]. L'organizzazione dell'esercito fondata da Žižka fu probabilmente mantenuta dagli orebiti, in seguito orfani, dopo la sua morte, ma anche parzialmente adottata da altri eserciti hussiti. Tuttavia, nel corso della guerra, l'elemento religioso acquistò importanza quando un "amministratore degli affari spirituali" fu istituito a capo del Consiglio degli Anziani (*rada staršich*). Così Procopio il Calvo (Prokop Holý o Prokop Veliký) divenne il capo dell'esercito taborita dopo la morte di Žižka. La posizione di Procopio, a quanto pare, era ancora più dominante di quella del vecchio comandante ceco. Sebbene non avesse alcuna esperienza militare, in breve tempo divenne sia il capo religioso, politico e militare dell'esercito. Il sacerdote Prokupec (il Piccolo) si guadagnò un ruolo analogo - ma non altrettanto dominante - nell'esercito degli orfani. Gli Eserciti della Patria avevano organizzazioni completamente indipendenti. Avevano capitani propri che comandavano le forze in caso di operazione e che erano solo subordinati al capitano maggiore. Come sia stata diversa la mobilitazione dell'Esercito della Patria si può vedere dalla lettera di Žižka dell'11 settembre 1422 ai cittadini di Domažlice: *"E quindi, miei cari Fratelli, vi informo che stiamo radunando gente da tutte le parti contro questo nemico della Boemia, così che i vostri sacerdoti possano dire che dovreste sollecitare chiunque sia per combattere contro questo Anticristo. Potete gridarlo voi stessi che tutti coloro che possono, vecchi o giovani, dovrebbero essere pronti a qualsiasi ora"*[91].

Caratteristiche delle leve di Praga

P raga, in quanto centro più importante del movimento hussita, aveva un proprio esercito istituito sulla base di direttive diverse da quelle per gli eserciti da campo taboriti e orebiti. Uno statuto riguardante gli obblighi di servizio militare per la cittadinanza praghese fu emanato nel 1371, prima dell'inizio del movimento. Divise la città in quattro "quartieri" (*čtvrt* in ceco) che dovevano condividere le responsabilità con le leve provenienti da fuori città. Indipendentemente dalle circostanze finanziarie, ogni cittadino era obbligato ad attrezzarsi e, quando necessario, ad andare sul campo. I partecipanti alle operazioni militari erano quindi esonerati da qualsiasi pagamento per i due giorni fiscali successivi. Le persone rimaste nel quartiere della città dovevano farsi carico di questi pagamenti. Due capitani erano responsabili di ogni quartiere. La comunità nominava un capitano e il consiglio comunale nominava l'altro. Poiché il servizio militare era molto impopolare, già nel XIV secolo i Praghesi avevano iniziato ad assumere mercenari come sostituti che rappresentavano il nucleo professionale delle leve praghesi[92]. Durante le guerre hussite, Praga mantenne questa struttura non insolita, che era sostanzialmente la stessa nelle grandi città dell'Europa centrale. Inoltre, assumevano mercenari in modo estensivo, utilizzando il denaro ricavato dalle proprietà della Chiesa. Erano sostenuti da gruppi più svantaggiati dei poveri della città. Un editto del 1422 istruì gli albergatori e i proprietari di case di produrre un registro di coloro che vivevano nel loro quartiere in modo che potessero essere identificati e reclutati, se necessario[93]. Le leve di Praga erano più simili agli eserciti della Patria Taborita e orebiti che agli eserciti di campo. La città si oppose alla creazione di un esercito permanente e si affidò alla milizia per tutta la durata della

---

90   Berger, Kampfkraft der Hussiten, p. 103
91   Durdík, Hussitisches Heerwesen, pp. 45-46
92   Durdík, Hussitisches Heerwesen, pp. 46-47.
93   Berger, Kampfkraft der Hussiten, p. 102.

guerra. Inoltre, non venne mai scelto un comandante maggiore di ruolo. Durante la prima crociata (1420) il Consiglio Comunale scelse Hynek Krusina von Lichtenburk come comandante capo; nel 1421 Jan Želivský assunse la guida religiosa, politica e militare delle Leve Cittadine e incluse un ruolo simile a quello ricoperto successivamente da Procopio il Calvo con i taboriti. Per gli affari militari, però, contava molto sul suo capitano, Jan Hvezda, che in seguito sarebbe dovuto diventare uno dei successori di Žižka con i taboriti. Dopo il disimpegno e l'esecuzione di Želivský, il posto di capitano maggiore non fu più occupato[94].

In marcia

In marcia, i carri da guerra si muovevano sempre su più file o colonne. Idealmente, c'erano quattro colonne di questo tipo: due interne (*placni* in ceco), costituite dai carri da trasporto e due

Carro da guerra (kriegswagen) dal "Bellifortis" di Kyeser.

esterne (*krajni*). Le colonne esterne erano più lunghe in modo che quelle sovrapposte, situate nella parte anteriore e posteriore, potessero avvicinarsi tra di loro a creare un carro ancor più grande, mentre le colonne laterali dovevano solo mantenere il loro ordine[95]. Se un esercito di campo aveva in media più di 300 carri e ipotizzando che la lunghezza dei *placni* fosse solo due terzi di quella dei *krajni*, allora la colonna esterna del carro sarebbe stata composta da 90 carri e quella interna da 60. Wulf calcola che la lunghezza di un carro trainato da quattro cavalli (compreso l'intervallo rispetto a quello di fronte) sarebbe stata di circa 12 metri. Questo significa che la colonna esterna sarebbe stata lunga circa 1.100 metri in marcia[96]. Le manovre venivano ordinate e controllate con bandiere segnaletiche, che si trovavano su ogni primo e ultimo carro di una colonna. Per arrivare a dominare la manovra di chiusura in un unico grande carro, era necessario un addestramento intensivo[97].

Tuttavia, non si hanno notizie di manovre dell'esercito nelle nostre fonti. Le esigenze degli eserciti del tardo medioevo di questo periodo si possono dedurre dalle diverse richieste degli

94   Durdík, Hussitisches Heerwesen, pp. 47-49.
95   Palacký, Der Hussitenkrieg 1419-1431, p. 368; Turnbull, Hussite Wars, p. 38; Delbrück, Geschichte der Kriegskunst, pp. 555-556.
96   Wulf, Wagenburg, p. 38.
97   Turnbull, Hussite Wars, p. 38.

Nell'immagine a sinistra un tipico ariete usato per sfondare i portoni delle fortezze nemiche, fornito di tetto protettivo dalle frecce e dai colpi avversari. A destra una curiosa catapulta in cui si nota bene la torsione del cordame che produceva la tensione elastica per poter lanciare i proiettili. Da "Kriegsbuch" di J.Hartlieb.

eserciti crociati. Ad esempio, la Lega Lusazia (letteralmente le Sei Città di Lausitz)[98] diceva che le proprie leve dovevano avere: "soldi, vino, birra, carne, pancetta, salsicce, strutto, pesce, burro, formaggio boemo, asciugamani, calderoni, treppiedi, spezie, utensili, doghe cerate, spiedini, pale tombali, vasi, pale, mazze, teloni di carro, frecce, cordame, alimentazione del bestiame, tende con pali e i loro attrezzi, sacchi di alimentazione, avena e muschio per loro, legno asciutto, recipienti per bere in rame, scudi lituani, pentole, bracieri, lattine di latte, barbieri, barbieri, falegnami, armaioli, pistole, fucili, polvere da sparo, rinforzi [armatura bicipite], sabati [armatura del piede], mazze di ferro, piselli (?), [e] verdure"[99].

Caratteristiche della truppa hussita

Gli eserciti di campo dei taboriti e degli orebiti, o le "confraternite di campo" (*polní obce* in ceco), furono i primi eserciti permanenti del loro tempo. Potevano essere rafforzati immediatamente prima delle campagne con i volontari, ma rimanevano in vigore anche come forze militari in tempo di pace. Nel 1424, dopo la morte di Jan Žižka, il suo esercito, i cui membri ora si autodefinivano "gli orfani", era composto da 4.000 uomini con 300 carri da guerra. Contemporaneamente l'esercito taborita comprendeva circa 6.000 combattenti[100]. Se si pensa all'equipaggio di un carro di guerra a 2 pistole e un obice (*houfni-*

---

98   Nota del traduttore: La Lusatian League era un'alleanza creata il 21 agosto 1346 dalle città di Görlitz (Gorlicz - una parte ora in Polonia), Lauban (Luban - Polonia), Sythaw (Zittau), Bautzen (Budissin), Lubow (Löbau) e Kamenz. Si trattava di un accordo difensivo e offensivo per la protezione delle rotte commerciali e per aumentare il loro potere politico contro i nobili che stavano diventando sempre più dei cavalieri rapinatori.
99   Palacký, Urkundliche Beiträge I, Nr. 140, p. 151.
100   Tresp, Söldner aus Böhmen, p. 28; Delbrück, Geschichte der Kriegskunst, p. 570.

ce in ceco) o un cannone a terrazza in cinque carri, un cannone più grande in 20 carri, allora un tale esercito avrebbe avuto a disposizione più di 600 pistole, 60 cannoni più piccoli e 15 più grandi. Non è chiaro se il numero di fucili pesanti fosse aumentato alla fine del 1420, quando l'esercito hussita portava con sé 2.000 e più carri.

Gli eserciti hussiti si univano raramente per una campagna o per un'altra battaglia. A Uŝti nel 1426 e Kladsko (Glatz) nel 1428, tre di questi eserciti unirono le forze per la "bella cavalcata" del 1429-1430 e per difendersi dalla quinta crociata del 1431. In queste occasioni sembra che gli hussiti - come anche gli eserciti crociati - avessero grossi problemi nel rifornire eserciti di 10.000 o più uomini per periodi più lunghi. Nel 1426, 1428 e 1431 unirono le loro forze solo per un breve periodo di tempo nella diretta attesa di battaglie. Durante il movimento che attraversò l'Impero nel 1429-30, l'esercito si divideva già in cinque colonne per necessità logistiche e marciava per il paese con un percorso di 50 km[101]. Il treno bagagli con mercanti, donne e forse bambini assunse dimensioni significative, anche in operazioni al di fuori della Boemia. Ad esempio, nel dicembre 1429, la città di Görlitz ricevette notizia della forza dell'esercito hussita di Procopio il Grande: "La loro forza totale consiste di 30.000 uomini, la metà dei quali dovrebbero essere uomini da combattimento. Non hanno pezzi di grandi dimensioni [armi pesanti], nessun cannone, se non si contano quei 4 cannoni a pietra che sparano ciascuno uno Zehntner"[102]. Secondo queste stime, la forza dell'esercito di Procopio era di circa 15.000 combattenti, il che corrisponde alle stime di ricercatori moderni come Krocker. Lo stesso numero di donne e bambini potrebbe aver accompagnato il gruppo[103].

Castelli e fortificazioni da campo

L'uso di carri con un maggior numero di cannoni mostra già quanto gli hussiti dipendessero da posizioni difensive. Per questo motivo svilupparono anche alcune innovazioni nella costruzione di fortificazioni campestri e castelli. Durante l'assedio di Praga del 1420, Jan Žižka fece costruire delle fortificazioni temporanee sui campi di Vitkova. La stretta gola nella parte orientale della città era di importanza strategica perché i due castelli sull'Hradschin e sul Vyšehrad erano occupati dalle forze reali. Žižka ordinò la costruzione di due torri di legno a forma di fortini e fu costruito un muro con un fossato di fronte ad esso. Informazioni diverse indicano che questo fossato era interrotto da una serie di piccoli baluardi in legno pesante in modo che i difensori potessero prendere gli attaccanti sotto il fuoco di sicurezza[104]. Uno dei più importanti complessi fortificati hussiti era il centro religioso del Tabor. La città era già ben protetta a nord e a sud dal fiume Luznice e dal torrente Tismeciner. Il vecchio castello di Hradiste si trovava ad ovest della città; si trovava su un alto sperone di terra che era circondato su tre lati da valli e fiumi. Il fulcro del nuovo complesso di fortificazione, che gli hussiti iniziarono a costruire nel 1420, si trovava invece ad est. Qui venne costruita una doppia cinta muraria con alte torri difensive in grado di ospitare un certo numero di cannoni. L'anello interno

---

101 Delbrück, Geschichte der Kriegskunst, pp. 571-572.
102 Nota del traduttore: uno "Zehntner", dal latino "centenarius", è un nome obsoleto per un'unità di peso utilizzata prevalentemente in Germania, Austria, Svizzera e alcune altre regioni. Come il concetto di centopeso, lo zentner è il peso di 100 unità, dove tradizionalmente l'unità era di cento libbre, o circa 50.000 grammi - il valore esatto dipende dal contesto- rendendo uno zentner pari a circa 50 chilogrammi o 110 libbre. Fonte: https://en.wikipedia.org/wiki/Zentner.
103 Krocker, Sachsen und die Hussitenkriege, p. 32-33.
104 Purton, Late Medieval Siege, p. 237; Durdík, Hussitisches Heerwesen, p. 187.

aveva molte torri a mezza tonda, aperte sul retro, da cui i pistoleri potevano sparare a chiunque tentasse di scalare le mura con scale. A prima vista, le torri erano a intervalli irregolari, ma questo apparente caos seguiva in realtà un sistema poiché non c'erano punti ciechi tra loro. La maggior parte delle torri presentava cinque feritoie (due al terzo piano e tre al quarto piano) per le pistole ed i cannoni. Queste erano posizionate abbastanza in alto da poter sparare oltre il primo muro. Il muro esterno aveva una fila di bastioni che sporgevano molto al di fuori della fortezza e permetteva loro di dirigere il fuoco contro il nemico. Quindi, il Tabor fu una delle prime fortezze poligonali in Europa. Inoltre, una delle torri di artiglieria costruite nel castello di Hradiste è una delle più antiche del suo genere in Europa centrale. Il terreno di fronte alle mura del Tabor era in forte pendenza e poteva essere efficacemente coperto da cannoni, pistole e balestre fino ad una distanza di 300 metri[105].

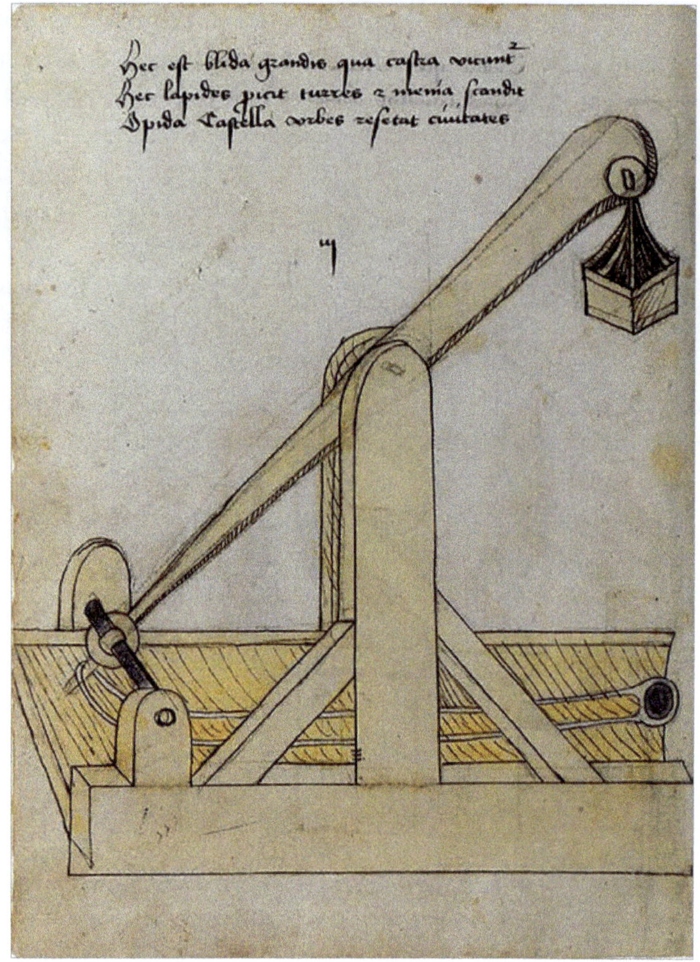

Tipo di catapulta con contrappeso costituito da una cassa piena di pesante materiale inerte che una volta rilasciato dava forza al lancio del proiettile. Dal "Bellifortis" di Kyeser

L'accesso alla città avveniva attraverso un intelligente sistema a tre porte, protette da una fortificazione con un profondo fossato. Mentre le feritoie per il cannone a polvere nera erano già in uso in Inghilterra e Francia nel XIV secolo, il Tabor fu probabilmente il primo complesso fortificato dell'Europa centrale con tali dispositivi, che probabilmente furono sviluppati anche indipendentemente dagli esempi occidentali. Il sistema di fortificazioni a doppia cinta muraria del Tabor fu utilizzato dagli hussiti anche in altre città boeme e per il rafforzamento di castelli in cui una cinta muraria a scudo, dotata di bastioni bassi e torri circolari, proteggeva le fortificazioni più antiche. L'uso di torri aperte nella parte posteriore aveva diversi vantaggi: in primo luogo, se un nemico che attaccava catturava una torre, non riusciva a proteggersi dai contrattacchi dalla direzione della città. Inoltre, il fumo denso creato dallo sparo dei cannoni poteva essere liberato meglio[106].

---

105   Purton, Late Medieval Siege, p. 237; Durdík, Hussitisches Heerwesen, pp. 181-183;Palacký, Der Hussitenkrieg 1419-1431, p. 85.
106   Purton, Late Medieval Siege, p. 236.

Una pesante bombarda usata durante un assedio, il cannone è stato caricato e i soldati azionano il mantelletto protettivo per difendersi dai tiri nemici. Il tutto in un sistema di trincee bene articolato, dagli hussiti

Guerra d'assedio

A causa della complessità delle reti di relazioni e di lealtà in Boemia, le guerre hussite vennero segnate anche da lunghi assedi. Ciò era più evidente nella capitale, Praga, dove i due castelli di montagna rimasero nelle mani dei reali nel 1420, mentre il resto della città si era per lo più unito al movimento hussita. Durante l'assedio della città da parte dell'esercito crociato in estate, i combattimenti si limitarono principalmente a manifestazioni psicologiche visibili. Sia i praghesi che i crociati erigevano pire per bruciare le persone sul rogo al fine di rendere chiaro al nemico il destino minaccioso. Nel corso del tempo, gli assediati composero anche appelli scritti in cui cercavano di convincere i crociati dell'essenza dei Quattro Articoli di Praga[107]. Gli hussiti usarono tali mezzi psicologici di pressione anche nel 1421 nell'assedio della città di Most, nella Boemia settentrionale. Poco prima di ciò, furono in grado di catturare il fratello del comandante del castello di Most, il cavaliere Ramphold Gorentz, nella vicina Belina. Poi lo legarono ad un ariete e cercarono di costringere i difensori ad arrendersi. Secondo la leggenda, Ramphold fece sapere al fratello che la sua vita contava meno della questione generale. Con il cuore pesante, il comandante ordinò ai suoi artiglieri di uccidere suo fratello. Il colpo ebbe successo e il la guarnigione sopravvisse all'assedio[108].

Dopo la vittoria al Veitsberg, i Praghesi investirono il Vyšehrad. Gli hussiti costruirono un fossato con un muro ai piedi della collina del castello, da un lato per chiudere il castello nella guarnigione, ma dall'altro per proteggere Città Nuova da sortite dalla guarnigione. A sud del castello, il torrente Botic era collegato al sistema di fossati, che era così ben rafforzato che le sentinelle da campo potevano accamparsi in sicurezza. Nelle settimane successive i combattimenti intorno a Vyšehrad si limitarono ad un inconcludente duello di artiglieria tra la città e il castello sulla collina. Il 15 settembre la guarnigione reale ebbe finalmente un piccolo successo morale, come riferisce il cronista Laurentius: "Dall'altra parte, cioè dalla parte nuova della città, essi [i Praghesi, nota dell'autore] collocarono due macchine, in modo che il prudente capitano d'artiglieria Vyšehrad sparò dalla cappella circolare della chiesa di Santa Margherita e distrusse il torrente"[109]. Ma anche i Praghesi resistettero contro di loro: "Con un grande cannone, che avevano messo in posa dopo aver sfondato il muro della piccola Chiesa sul prato, essio causarono molti danni al Vyšehradern". Tuttavia, ben presto la carenza di cibo divenne evidente all'interno della guarnigione leale al re. Anche se Sigismondo promise ai suoi soldati un aiuto rapido, passarono molte settimane. In ottobre i cavalli del castello furono macellati perché la guarnigione era a corto di carne. In realtà, alla fine di ottobre Sigismondo requisì alcune barche a Leitmeritz perché intendeva sollevare il castello dalla parte moldava. Quando gli hussiti vennero a conoscenza dei piani, bloccarono il fiume con spesse catene e grandi pali. Il 28 ottobre Sigismondo si spostò dal castello di Karlštejn verso Praga e diede fuoco a molti villaggi lungo la strada, per indicare che gli aiuti stavano arrivando. Il re raggiunse effettivamente la città, rifornì di viveri l'Hradschin e poi si trasferì a Kutná Hora dove avrebbe dovuto formare un nuovo esercito. Nella speranza di essere presto sollevata dal re, la guarnigione di Vyšehrad decise di avviare le trattative con gli hussiti. Se non fossero stati sollevati entro il 31

---

107   Šmahel, Hussitische Revolution II, p. 1093.
108   Nel periodo nazista, un gruppo di milizia industriale armata fascista tedesca si battezzò con il nome di "Rampold Gorenz", in riferimento a questa storia.
109   Laurentius-Chronik, p. 160.

Una pesante trabucco usata durante gli assedi, dal "Bellifortis" di Talhofer del 1459

ottobre, avrebbero consegnato il castello con tutte le loro armi il 1° novembre[110]. L'esercito reale apparve davvero davanti alle porte di Praga il 31 ottobre e Sigismondo intendeva attaccare gli assediatori di Vyšehrad il giorno seguente, e la guarnigione avrebbe fatto una sortita allo stesso tempo. Tuttavia, il termine stabilito tra la guarnigione e gli hussiti era già passato, quindi le forze di Praga occuparono i cancelli di Vyšehrad. L'esercito di soccorso non attaccò le trincee dei Praghesi perché erano disposte in modo da poter respingere non solo un attacco della guarnigione, ma anche un attacco dall'esterno. Nonostante ciò, Sigismondo ordinò ai Moravi e agli ungheresi di attaccare in due luoghi diversi, e inizialmente ebbe successo. Loro spinsero gli hussiti a St. Pankraz in gruppo, ma poi improvvisamente la situazione cambiò e i cavalieri di Sigismondo si ritirarono dalle trincee catturate perseguiti dai Praghesi. Tra i 500 morti c'erano alcune dei più importanti nobili boemi e moravi. Dopo la battaglia, la guarnigione reale evacuò il castello sulla collina[111].

Come regola generale, tuttavia, gli hussiti cercavano di evitare lunghi assedi, preferendo conquistare città e paesi prima di tutto con attacchi a sorpresa. Nel novembre 1420, si presentarono alla città boema meridionale di Prachatic. Dopo che la città rifiutò la richiesta di resa, Jan Žižka ordinò un attacco. Gli hussiti portarono le scale d'assalto alle mura. La guarnigione delle città non riuscì quasi mai a difendersi perché erano talmente oppressi da una grandine concentrata di fuoco proveniente da pistole, balestre e catapulte hussite che osarono a malapena uscire da dietro le merlature. L'attacco fu un successo[112]. Altri assedi ebbero luogo con grande sforzo, come quello di Švihov nel 1425. Mille cavalieri e 8.000 pedoni assediarono il castello, appartenente ad un nobile boemo. Gli hussiti impiegarono tre catapulte e un cannone pesante. Tuttavia, decisivo fu la decisione di tagliare l'acqua all'assedio e di conseguenza la guarnigione impilò le armi dopo due settimane[113]. Gli hussiti sfruttarono anche la distruzione delle mura, come ad esempio nel novembre 1425 durante l'assedio della città austriaca di Retz[114]. Nel 1433 in Prussia, gli hussiti tentarono di scavare una galleria sotto le mura del castello di Konitz, ma il tunnel crollò e seppellì la maggior parte di coloro che vi stavano lavorando. I Cavalieri Teutonici riuscirono a salvare solo quattro di questi uomini[115]. L'artiglieria d'assedio degli hussiti era composta da moderne e pesanti bombarde e catapulte convenzionali. Per esempio, il 10 dicembre 1424, il principe elettore Federico I di Sassonia informò il Consiglio della città "che gli eretici si sono riuniti insieme, con quattro eserciti e quattordici trabucchi e cannoni, e molte altre attrezzature. Si sono accampati direttamente alle porte di Aussig e intendono forzarla e prenderla"[116]. In Boemia gli hussiti condussero gli assedi con grande successo grazie all'impiego di un'enorme quantità di artiglieria. Negli ultimi giorni di dicembre del 1420, ad esempio, assediarono il feudo fortificato di Kunratice che bloccava la via commerciale più importante appena fuori Praga. Gli hussiti occuparono una collina vicina, dove posero diversi pesanti bombardamenti e tre grandi trabucchi. Iniziarono un bombardamento così efficace che tutti i tetti furono distrutti. Il 25 gennaio 1421, dopo un assedio di quattro settimane, il comandante, Ritter von Fulstein accettò la resa. Il castello venne successivamente

---

110   Purton, Late Medieval Siege, pp. 235-236; Palacký, Der Hussitenkrieg 1419-1431, pp. 155-159.
111   Palacký, Der Hussitenkrieg 1419-1431, pp. 160-162.
112   Ibid., pp. 171-173.
113   Šmahel, Hussitische Revolution II, p. 1352.
114   Stöller, Österreich im Kriege gegen die Hussiten, p. 35.
115   Šmahel, Hussitische Revolution III, pp. 1580-1581.
116   CDS I B 4, Nr. 386, Nr. 251.

Il complicato sistema di protezione mobile per le bombarde da ssedio studiate per il massimo aproccio possibile alle linee nemiche. Dal "Feuerwerksbuch".

bruciato e mai più ricostruito[117]. L'anno successivo, gli hussiti assediarono il castello di Karlštejn ancora più faticosamente. Costruirono quattro "batterie" per trabucchi e cannoni e bombardarono la fortezza da tutti i lati in modo che fossero tutti pesantemente danneggiati. Le cinque catapulte degli hussiti avrebbero lanciato nel castello un totale di 9.032 pietre, 1.822 barili di "rottami" e 22 vasi di terra pieni di fuoco. I cadaveri di cavalli, mucche, asini e pecore venivano inoltre inseriti nei barili di rifiuti che gli assedianti gettavano sulle mura del castello nella speranza che scoppiasse una peste tra la guarnigione. Eppure questa resistette all'assedio e riuscì a negoziare un cessate il fuoco[118].

In generale, se l'assedio sarebbe stato condotto da tutti i lati o focalizzato su un solo punto dipendeva dalle dimensioni dell'oggetto assediato e dalle caratteristiche geografiche. Di norma, un quartier generale fortemente fortificato sarebbe stato eretto in un luogo dominante l'obiettivo. Il castello, o l'area accessibile, veniva isolato dal mondo esterno da un fossato. Per proteggersi dalle sortite il bottino veniva accatastato a formare un muro, in cui gli hussiti collocavano spesso bastioni di legno. A volte questi bastioni erano fatti di pezzi prefabbricati che venivano portati con sé per l'assedio. Le catapulte e i cannoni erano consolidati in batterie rettangolari, rotonde o poligonali. All'assedio del castello di Lichnice a 1428 è stata costruita un'unica fortificazione d'assedio con cinque bastioni. Durante l'assedio di Grabstein un forte simile fu eretto a 250 metri dal castello su un punto costruito cinque metri più in alto. Queste

117   Purton, Late Medieval Siege, p. 236; Palacký, Der Hussitenkrieg 1419-1431, pp. 199-200.
118   Purton, Late Medieval Siege, pp. 236-237; Palacký, Der Hussitenkrieg 1419-1431, p. 321.

L'esercito hussita in movimento doveva presentarsi all'incirca in questo modo. Dall' Hausbuch_Wolfegg del 1480.

fortificazioni potevano essere difese su tutti i lati nel caso di un tentativo di recupero dell'oggetto[119]. È sorprendente che gli hussiti si dedicarono per lunghi periodi agli assedi in Boemia, fallendo spesso, tuttavia, contro le città e tedesche.

Queste erano ben fortificate, molte avevano cannoni moderni e armature solide per equipaggiare i loro cittadini. Gli hussiti evitarono di assediare quelle città. Le loro attività al di fuori della Boemia consistevano nel procurarsi il cibo, non per l'occupazione prolungata del territorio. Se una città resisteva al primo assalto hussita, c'erano buone probabilità che l'assedio sarebbe stato abbandonato e che sarebbero andati avanti. L'assedio di Bautzen nel 1429 durò solo tre giorni e si concluse quando il comandante degli hussiti fu ucciso durante un tentativo fallito di assalto alle mura della città. Görlitz sul fiume Neisse non fu mai veramente assediata dagli hussiti. I loro eserciti apparvero più di una mezza dozzina di volte davanti alle porte della città. Più volte i sobborghi furono bruciati, ma gli hussiti non osarono intraprendere un assedio della città fortificata. Lo stesso valeva per la città di confine fortificata di Zittau. Quando gli hussiti apparvero davanti a Schweidnitz nel gennaio 1429, trovarono la città ben preparata per un attacco: "Ora dicono di essere stati, per grazia di Dio, ben preparati e di aver sparato molto bene con cannoni, pistole, ecc., così andarono a bruciare la periferia"[120]. Anche le città della Slesia e del Lausitz avevano ampliato notevolmente i loro arsenali con moderni cannoni e pistole. Gli hussiti abbandonarono l'assedio di Konitz, in Prussia, nel 1433 dopo sei settimane perché le loro scorte si erano esaurite[121].

---

119   Purton, Late Medieval Siege, pp. 237-238.
120   Palacký, Urkundliche Beiträge II, Nr. 567, p. 13.
121   Šmahel, Hussitische Revolution III, pp. 1580-1581.

SPIE ED ASSASSINI

Nel 1426 in Sassonia, il Consiglio di Rochlitz riferì ai Lipsia che avevano sentito "come due studenti vorrebbero dare fuoco alle città chiedendo agli eretici dei soldi in cambio"[122]. La paura dei sostenitori hussiti era particolarmente forte in terre come il Margraveship di Meissen. L'Università di Lipsia era il luogo di ritrovo per i teologi che scrivevano trattati anti-hussiti, e quindi divenne un potenziale bersaglio di attacchi. I padri della città videro il pericolo maggiore negli studenti che viaggiavano per il paese. L'avvertimento di cui sopra era accompagnato da una descrizione dettagliata dei potenziali assassini. "Uno indossava un cappotto grigio rattoppato foderato sotto la gola con panno blu e una veste nera di Barchent [un panno di lana] e un cappuccio grigio, mentre l'altro aveva un cappotto grigio con maniche strette, cappello nero e capelli neri"[123]. Nel Lausitz e in Slesia c'era grande paura che gli assassini appiccassero incendi all'interno delle mura della città. Nel dicembre del 1429, il consiglio di Görlitz ricevette un avviso anonimo: "Ho recentemente informato verbalmente il nostro sindaco, con quale subdola astuzia i nostri nemici gli eretici si insinuano furtivamente in queste città e imbrogliano tutti con i loro sguardi ingannevoli[124]". C'era anche una notevole paura delle spie. Nell'estate del 1430, il duca di Sassonia informò il Consiglio di Dresda che "un messaggero a Saaz dovrebbe apparire oggi e andare in perlustrazione nella nostra terra[125]". La spia indossava un cappuccio blu, pantaloni bianchi e neri e una giacca in cui nascondeva le sue lettere. In un'epoca in cui la maggior parte delle persone aveva un solo set di vestiti, la descrizione in questa lettera era più accurata dei dettagli fisionomici. Tuttavia, le "spie" molto spesso avevano una funzione missionaria. Il loro obiettivo principale era quello di diffondere le credenze degli hussiti. Inoltre, nelle città tedesche, specialmente nelle università e nelle scuole della Chiesa, c'erano persone istruite, per lo più giovani che discutevano delle idee di Wycliffe e di Hus. Nelle comunità erano visti come una minaccia non solo per la pace religiosa, ma anche per la loro stessa sicurezza. Così, nel 1426 un borghese di Dresda, sospettato di essere eretico e spia, fu "insaccato", cioè infilato in un sacco e gettato nel fiume Elba[126].

Al contrario, in Franconia, nel XIV secolo, si svilupparono in Franconia piccole comunità valdesi che, dal punto di vista teologico, erano molto vicine agli hussiti. Offrivano anche alloggio ai predicatori hussiti erranti che viaggiavano da lì in tutto il sud dell'Impero. Allo stesso tempo, la città imperiale di Norimberga si sviluppò fino a diventare il centro più importante del giornalismo anti-hussita[127]. Eppure i mercanti di Norimberga non solo rifornivano ripetutamente le città hussite di polvere da sparo e armi, ma anche di informazioni importanti[128]. Questo pesava ancora di più perché Norimberga era anche uno dei centri politici dell'Impero dove i principi si incontravano per pianificare le prossime crociate. Si può quindi presumere che i mercanti della città informassero gli hussiti di questi piani in modo tempestivo.

---

122   CDS II 8, Nr. 158, p. 102.
123   CDS II 8, Nr. 158, p. 102; Krzenck, Hussitenkriege, pp. 61-63.
124   Palacký, Urkundliche Beiträge II, Nr. 624, p. 82.
125   MHG in Richter, Hussitischer Spion, p. 145.
126   Meinhard, Dresden und die Ketzerbewegung, p. 110.
127   Machilek, Hussiten in Franken, pp. 23-27.
128   Polívka, Handelsbeziehungen, pp. 165-166.

L'esercito hussita in movimento. Dall' Hausbuch_Wolfegg del 1480.

LE TATTICHE

er quindici anni gli hussiti decisero le loro battaglie più o meno con un "programma standard" che si sviluppò dalle loro esperienze negli scontri di Nekmíř e Sudoměř. Per completare le operazioni, il carro da guerra fu infine aggiunto nella battaglia di Ústi del 1426. Il concetto di quel carro non era però completamente nuovo. Il teorico militare della Germania meridionale Konrad (o Conradis) Kyeser (1366-1405) mostrò esempi di carri da guerra nel suo trattato "Bellifortis". Kyeser aveva acquisito una vasta esperienza militare in Italia e anche nelle campagne di Re Sigismondo contro gli Ottomani. Il "Bellifortis" nacque al castello boemo di Žebrák in risposta alla devastante sconfitta che l'esercito crociato di Sigismondo subì contro i turchi a Nikopolis nel 1396. Non è quindi improbabile che l'opera, terminata nel 1405 poco prima della morte di Kyeser, fosse nota ai nobili boemi in servizio presso gli hussiti, e possibilmente allo stesso Žižka. Tuttavia, un'edizione fu dedicata al re Venceslao I, e Žižka fu per un certo periodo il capitano della sua guardia del corpo[129]. La disciplinata collaborazione di tutti i rami disponibili - fanteria, cavalleria, artiglieria e vagone da guerra - fu decisiva per il successo degli hussiti. Alla fine del 1420 i crociati tentarono di copiare i loro sistemi d'arma, ma fallirono in modo grandioso nelle battaglie di Tachov e Domažlice. Queste sconfitte fecero capire che il successo dei boemi non era legato ad un'unica innovazione tattica o tecnica, ma al funzionamento della complessa interazione dei singoli rami. I carri da guerra hussiti potevano già muoversi dalla marcia in una formazione che, all'occorrenza, poteva rapidamente formare un vagone da guerra. Quando lo facevano, i carri erano disposti in modo tale che la ruota anteriore destra si sovrapponesse alla ruota posteriore sinistra del carro adiacente. Queste ruote erano fissate l'una all'altra con catene, in modo che i carri non potessero essere separati. Una rappresentazione contemporanea mostra anche che le ruote esterne erano incatenate in maniera da non potersi più muovere. I cavalli venivano sganciati e portati in salvo da i carri di rifornimento, abbastanza lontano dalla linea di battaglia. I timoni dei carri erano posti in posizione verticale o rimossi. Il vagone di solito era rettangolare, meno spesso di forma ovale[130]. Se veniva istituito un campo permanente, gli hussiti iniziavano anche a scavare fossati e a coprire le ruote con il terreno di scarto. Per dare ai cannoni dei campi di tiro venivano lasciate delle aperture a determinati intervalli tra i carri. I soldati con gli scudi bloccavano queste aperture a seconda delle necessità[131]. Un carro era occupato da 15 o 20 uomini. Tra questi c'erano balestrieri e pistoleri, semplici soldati che lanciavano pietre per attaccare i nemici, ma anche picchieri che tentavano di scacciare o spingere i cavalieri nemici dalle loro selle. Un gruppo di fanti era riunito all'interno del campo e aspettava il momento giusto per contrattaccare[132]. Non era insolito per i combattenti collaudati essere soprannominati cavalieri poco prima della battaglia per rafforzare la loro motivazione e spronare i loro compagni. Per esempio, questo avvenne poco prima della battaglia di Kutná Hora nel dicembre del 1421[133].

---

129 Feldhaus, Kyeser, pp. 768-769; Poppolow, Militärtechnische Bildkataloge, pp. 259-260.

130 Turnbull, Hussite Wars, p. 34; Berger, Kampfkraft der Hussiten, p. 107; Kroener, Kriegswesen, p. 11; Delbrück, Geschichte der Kriegskunst, pp. 566-567.

131 Turnbull, Hussite Wars, p. 34-35; Delbrück, Geschichte der Kriegskunst, p. 566.

132 Turnbull, Hussite Wars, p. 34; Durdík, Hussitisches Heerwesen, pp. 172-174; Delbrück, Geschichte der Kriegskunst, p. 567.

133 Palacký, Der Hussitenkrieg 1419-1431, p. 269; Durdík, Geschichte der Kriegskunst, pp. 172-174.

Idealmente, gli hussiti montavano i loro vagoni sulla contropendenza di una collina, cioè appena sotto la cima. Questo aveva il vantaggio che il campo stesso sarebbe stato protetto dal fuoco dell'artiglieria nemica mentre i loro obici potevano raggiungere il nemico. Inoltre, un attacco in salita affaticava molto rapidamente i cavalli. Alcune delle colline che gli hussiti scelsero come posizioni erano così ripide che i loro avversari dovettero scendere e attaccare a piedi, come nella battaglia di Horic nel 1423. In questo caso, il peso dell'armatura esaurì i cavalieri ancora più velocemente. Si diceva di uno degli impegni di Žižka in Ungheria nello stesso anno: "Ma quando [gli ungheresi, commento dell'autore] si impegnarono ad attaccare [Žižka], in quanto i cavalieri scesero e lo attaccarono a piedi, furono abbattuti da lui, allora l'abilità di combattimento dei cavalieri è diversa da quella dei fanti, perché è una cosa per loro inusuale[134]". Il vagone da guerra, infine, presentava ostacoli insormontabili per la cavalleria e la fanteria del tardo medioevo. Certo, era possibile ribaltare un carro con delle funi, ma i carri incatenati insieme formavano un muro quasi impenetrabile. A breve distanza, gli eserciti dei cavalieri si scontravano con una grandine mortale di balestre e spari. Inoltre, il cannone più grande sparava spesso un carico di piombo, pietra o palle di argilla. A quel tempo, i colpi di cannone causavano un rumore enorme che era forse più importante dei proiettili sparati, perché il genere di cannone più usato, quello a terrazza, non poteva essere elevato, il che rendeva impossibile la mira. L'enorme tuono superava di gran lunga gli effetti dei proiettili. Questo perché i cavalli da guerra dell'inizio del XV secolo non erano ancora abituati a questo tipo di rumore del campo di battaglia. Reagivano con paura, cercavano di staccarsi e di conseguenza causavano notevoli disturbi nei loro stessi ranghi d'attacco. Gli hussiti cercarono di aumentare questo effetto facendo sparare i loro cannoni in una sola raffica simultanea, come fecero a Ústi. Poiché il caricamento richiedeva molto tempo e questa raffica si scatenava a breve distanza, si deve presumere che le armi a polvere nera sparassero di regola una sola volta e che poi la fanteria iniziasse a combattere[135]. Se l'attacco nemico perdeva il suo slancio, o la forza avversaria mostrava i primi segni di panico, gli hussiti iniziavano un contrattacco. La fanteria si riversava fuori dal vagone, inizialmente sui lati, per colpire il nemico che attaccava dal fronte sui loro fianchi. A volte gli hussiti creavano l'opportunità di far affondare i denti dei loro nemici nel proprio vagone, come a Ústi, dove i sassoni poterono infrangersi tra gli anelli dei carri. In questo modo, i fianchi e la parte posteriore dell'esercito crociato risultavano particolarmente vulnerabili ai rapidi e potenti contrattacchi. Siccome i cavalieri avevano perso il loro più importante vantaggio - l'effetto sorpresa dell'attacco, la fanteria poteva utilizzare il loro più grande vantaggio, la superiorità numerica. I picchieri e i lancieri hussiti, in numero maggiore, sconfissero alla grande i cavalieri nemici[136]. In quest'ultima fase del combattimento, anche i cavalieri che combattevano sul lato hussita e i loro soldati a cavallo attaccarono. Con i loro cavalli freschi, si misero all'inseguimento degli avversari sconfitti[137].

Se le battaglie medievali si limitavano spesso ai semplici eserciti di collisione sul campo di battaglia, non era insolito che gli hussiti perseguissero i loro nemici per diverse miglia, trasformando semplici sconfitte in catastrofi militari. Alcune campagne furono decise da un'unica grande battaglia e solo in questo modo il movimento hussita fu in grado di impedire agli eserciti invasori da tutte le direzioni di unire le forze. Grazie alla disciplinata collaborazione

---

134   Delbrück, Geschichte der Kriegskunst, p. 569.
135   Turnbull, Hussite Wars, pp. 37-39; Durdík, Hussitisches Heerwesen, p. 174; Berger, Kampfkraft der Hussiten, p. 107; Delbrück, p Geschichte der Kriegskunst,. 568.
136   Turnbull, Hussite Wars, pp. 38-39; Durdík, Hussitisches Heerwesen, pp. 174-175.
137   Turnbull, Hussite Wars, p. 39; Durdík, Hussitisches Heerwesen, pp. 174-175.

Incisione del XV secolo raffigurante un carro da guerra, un antesignano del moderno carro armato. L'archibugiere che si vede sulla destra del carro è troppo moderno per essere individuato durante le guerre hussite, e gli archi, pur essendo noti, erano usati assai di rado. A parte queste osservazioni i dettagli dell'immagine sono interessanti.

dei carri, dei cannoni, della fanteria e della cavalleria, il cui impiego seguiva un piano strettamente sequenziale e concordato, si può parlare di "operazioni combinate di armi" nel contesto delle tattiche hussite. Jan Žižka deviò solo una volta in modo significativo da questo processo difensivo - nel 1424 a Malešov, ma anche qui sfruttò una vantaggiosa posizione elevata. Poiché le retrovie delle colline sulle quali i suoi nemici potevano attaccare erano molto strette, egli fece rotolare giù per la collina dei carri carichi di pietre. Così superò l'azione difensiva fermando l'attacco del nemico con un immediato e potente contrattacco[138]. La tattica dei vagoni hussiti era appositamente sincronizzata contro le debolezze degli eserciti dei loro avversari. Anche se gli eserciti dei crociati portavano sempre più spesso l'artiglieria, raramente la impiegavano in battaglia. La fanteria era usata solo come ausilio per la cavalleria. Mancava la coesione e l'aggressività dei primi Lanzichenecchi svizzeri. L'artiglieria e la fanteria sarebbero state pienamente in grado di attaccare efficacemente i vagoni hussiti, ma gli eserciti dei crociati non seppero come sfruttare un apparentemente facile trucco. Poiché gli hussiti rinunciavano a qualsiasi iniziativa all'inizio di una battaglia, è concepibile che non avrebbero potuto attaccare, ma piuttosto circondare il vagone, farlo morire di fame e costringerlo a spostarsi in modo da aprire la formazione. L'idea che i carri da guerra potessero essere usati in modo offensivo, come i carri dell'antichità che circondavano il nemico ad alta velocità, fu smentita molto tempo fa dalla ricerca. I carri erano troppo pesanti e i cavalli da tiro troppo deboli per una manovra così audace. Inoltre, in una tale manovra i cavalli sarebbero stati troppo suscettibili al fuoco nemico. Solo la morte di un solo cavallo da tiro poteva rovinare il piano per

138 Durdík, Hussitisches Heerwesen, pp. 175, 214-221.

L'esercito hussita all'attacco durante la battaglia di Aussig del 1426. Tela del XIX secolo

Incisione ottocentesca della battaglia di Lipan. Le immagini storiche di questo periodo rimandano a un fascino romantico che mostrava i ribelli senza armi difensive e con armi improvvisate. Mentre le truppe hussite in battaglie erano assai ben equipaggiate di entrambe.

circondare un avversario[139].

Solo in un'occasione gli hussiti furono costretti a disperdere un vagone. Ciò avvenne nel 1431 in Ungheria, dove un esercito di Orfani si trovò circondato da un gran numero di cavalieri leggeri e fu costretto a combattere. Gli hussiti cercarono di ritirarsi con ordine e immediatamente chiusero i ranghi in caso di un attacco minaccioso. Solo le sconrdinate azioni degli ungheresi salvarono l'esercito sul campo dalla distruzione totale. Nonostante questo, la campagna si concluse con una sconfitta. Questa volta gli eretici abituati alla vittoria non si portarono a casa alcun bottino. Le armate tedesche non disponevano di cavalleria leggera, eppure doveva essere possibile circondare efficacemente un vagone hussita. In campo aperto, al di fuori della protezione del carro, gli hussiti si rivelarono molto vulnerabili. Nel 1421 uno dei loro eserciti fu sconfitto da un esercito di Meissen sotto Federico il Guerriero. Gli hussiti avevano lasciato il loro vagone per sferrare un attacco a sorpresa contro i Meissner, ma furono sconfitti sul campo di battaglia aperto e fuggirono così i loro nemici poterono prendere d'assalto il vagone. Nel 1428 un altro esercito hussita, di ritorno da un'operazione di saccheggio, fu gravemente sconfitto a Chrastava. I Lausitzer si avvicinarono agli hussiti senza ostacoli e li attaccarono prima che potessero chiudere il loro vagone. Nel 1433 anche una leva palatina ottenne una vittoria spettacolare in modo simile a Hiltersried in Alta Baviera[140]. Se gli hussiti stessi fossero passati all'offensiva, o se non fossero riusciti ad assumere la loro completa posizione difensiva, sarebbero stati completamente vulnerabili.

139   Rogers, Tactics, p. 216; Wulf, pp. 11-23; Nicholson, Medieval Warfare, p. 58; Delbrück, Geschichte der Kriegskunst, pp. 571-573; though the most recent Žižka biographer describes such manoevers, see: Verney, Warrior of God, pp. 27-29.
140   Winkler, Hiltersried.

Altra immagine ottocentesca della battaglia di Lipan, opera del maestro boemo Věnceslav Černý

Gli hussiti vincevano le battaglie così spesso utilizzando semplicemente il loro "programma standard" che alla fine raggiunsero un punto in cui un comandante nemico esperto era in grado di usare le tattiche hussite contro di loro. Diviš Bořek Miletínka in origine aveva combattuto al fianco di Jan Žižka, ma in seguito passò al campo dei più moderati Calixtiners. Si fece strada non solo per diventare un leader politico chiave, ma sulla base della sua esperienza militare divenne anche il comandante in capo di un esercito congiunto hussita-cattolico, che sconfisse in modo decisivo i Taboriti e gli Orfani nella battaglia di Lipany del 30 maggio 1434. Miletínka eseguì un attacco con il suo esercito numericamente superiore contro il vagone avversario. Dopo un breve duello di artiglieria, simulò una ritirata che spinse i Taboriti e gli Orfani a intraprendere l'inseguimento. Dopo aver attirato il suo nemico fuori dal loro sicuro vagone, Miletínka riuscì a sfruttare la sua superiorità numerica e ottenne una vittoria decisiva. Il suo esercito sconfisse i radicali e Procopio il Grande fu ucciso[141]. I Slesiani riuscirono a sconfiggere gli Orfani in modo simile vicino a Náchod il 9 agosto 1427. Inizialmente furono massacrati dagli hussiti e costretti a fuggire. Quando la loro via di fuga fu bloccata, però, si fecero coraggio e contrattaccarono respingendo gli hussiti[142]. Gli eserciti hussiti non erano affatto invincibili. Ma a quanto pare i successi dei crociati furono più casuali o dovuti agli errori individuali commessi dagli hussiti, tanto che non riuscirono a trarre alcuna lezione tattica da quei casi. Da ciò le azioni di Miletínka a Lipany possono essere viste solo come uno sfruttamento intenzionale delle debolezze tattiche del vagone da guerra. Egli fu colui che non solo sconfisse l'esercito dei Taboriti e degli Orfani, ma soprattutto distrusse il nimbo tattico che accompagnava il vagone.

---

141   Durdík, Hussitisches Heerwesen, pp. 242-247.
142   Wulf, Wagenburg, p. 18-20; Palacký, Der Hussitenkrieg 1419-1431, p. 451.

I COMANDANTI HUSSITI

 er comprendere appieno i loro eserciti, è necessario introdurre brevemente una manciata dei più importanti leader militari e politici degli hussiti. Una compilazione completa di tutti i comandanti di campo di questo periodo bellico non è mai stata redatta, fino ad oggi. Il seguente, quindi, presenta solo alcuni ufficiali importanti, rappresentativi di un certo periodo o tipo di leadership militare hussita.

Jan Žižka

Jan Žižka proveniva dalla piccola nobiltà boema e sarebbe nato intorno al 1370 a Trocnova, nel sud-ovest del paese. Ma nel 1384 vendette le sue terre patrimoniali e si recò a Praga, dove prestò servizio alla corte del re Wenzel. Probabilmente divenne cieco da un occhio nella sua prima giovinezza. Il suo epiteto "Žižka il torto" appare già nelle fonti nel 1378. Si era sposato due volte, ed entrambe le volte le donne si chiamavano Katharina. Per quanto riguarda la prima moglie, si sa poco più del suo nome e che è morta durante il parto. Per quanto riguarda la seconda moglie, le fonti danno solo il suo nome. La figlia di Žižka si è sposata in un modo fortunato, politicamente parlando, per la famiglia. Come moglie di Pietro di Dubá, entrò in una delle più importanti famiglie boeme in quel momento[143]. A Praga, Žižka raggiunse la posizione di Maestro di caccia alla corte del Re. Anche se non possedeva più terre, il criterio più importante con cui si misuravano i nobili di quel tempo, il suo nuovo ruolo sottolineava una certa vicinanza al Re. Ma alla fine Žižka fu trascinato nelle dispute interne boeme. Il regno di Wenzel era tutt'altro che stabile. Žižka si unì a uno dei gruppi fedeli al Re che scatenò un'insurrezione nel sud-est del Paese. Žižka acquisì un'importante esperienza militare in quel conflitto. Fece la conoscenza di Jan Sokol di Lamberg, un soldato di talento che riconobbe le doti di Žižka e lo fece progredire ulteriormente. Il comandante con un occhio solo finì in una faida con la città morava di České Budějovice che decapitò suo fratello nel 1400. La faida si concluse nel 1409 con l'intervento

---

di re Wenzel. Un anno dopo, Žižka seguì Jan Sokol con un esercito boemo in Polonia. Il re polacco, Wladislaw Jagiello, stava facendo la guerra ai Cavalieri dell'Ordine Teutonico. Il 15 luglio 1410, la presunta più grande battaglia del Medioevo si svolse nelle vicinanze dei villaggi di Tannenberg-Grunwald. Se Žižka abbia partecipato o meno non è del tutto certo. Se lo ha fatto, allora di certo non combatté nelle linee più avanzate e non perse l'occhio lì, come affermano alcune storie successive. In ogni caso, la sua partecipazione gli ha dato importanti intuizioni sul modo in cui gli eserciti dei cavalieri moderni combattevano allora. Žižka insieme ad altri avrebbe potuto vedere l'impatto penetrante che l'attacco dei Fratelli Teutonici alla destra polacco-lituana avrebbe potuto avere contro le truppe armate leggere. Allo stesso tempo, avrebbe potuto convincersi che i cavalieri polacchi avevano avuto qualche

Jan Žižka In un ritratta ottocentesco di Brunner.

problema nell'assalto al treno di bagagli dell'Ordine che aveva formato un wagenburg, che era già una pratica a quel tempo.

È certo che dopo la battaglia, Žižka era di stanza con una guarnigione boema nel castello di Radzyn dell'Ordine catturato sul fiume Vistola, e lo difese dai tentativi dei cavalieri tedeschi di riprendere il castello. Dopo la pace di Torun del 1411, tornò a Praga come uno stimato soldato ed eroe di guerra. Il suo mentore, Jan Sokol, morì di peste poco dopo. Žižka divenne una specie di capitano della guardia del corpo reale e si sa almeno che accompagnò la regina Sofia alle prediche di Jan Hus nella Cappella di Betlemme. Nel 1414 acquistò una casa nella Città Nuova di Praga. In quell'anno fu aggiunto ai registri della città come "portulanis regius", un guardiano della porta reale. Žižka sembra essere stato uno dei più stretti confidenti di Wenzel

Ingresso di Jan Žižka a Praga in un quadro ottocentesco.

fino alla morte del re. Dato questo, è del tutto plausibile che egli abbia potuto studiare le ultime opere sulla scienza militare, come il "Bellifortis" di Kyeser nella Biblioteca Reale. Dopo la prima defenestrazione di Praga, fu scelto dal nuovo consiglio comunale come uno dei capitani della milizia della città di Praga. Con questo, iniziò la sua ascesa per diventare il leader militare più importante del movimento. Nel 1421, durante il secondo assedio del castello di Rabi, perse la vista nel suo occhio buono e divenne completamente cieco. Tuttavia, grazie anche ai consigli dei suoi ufficiali, dimostrò di avere una notevole abilità nella scelta dei campi di battaglia. Nello stesso anno gli fu promesso un piccolo castello di legno dei Cavalieri Teutonici, il Triebsch di Ordensburg. Žižka fece ampliare notevolmente il castello e lo fece rinominare "Calice". In seguito si fece chiamare Jan Žižka di Trocnova e il Calice.

Žižka era considerato un comandante completamente testardo con principi rigorosi. Tuttavia, per quanto riguarda le questioni religiose, si è sempre affidato ai consigli del Magister di Praga. Durante la sua vita evitò di portare la rivoluzione hussita all'estero e condusse una guerra puramente difensiva. La sua morte nel 1424 diede finalmente al conflitto un aspetto diverso. Žižka fu inizialmente sepolto nella chiesa di Pietro e Paolo a Hradec Králové. Nel 1437, dopo la caduta della città nelle mani di Diviš Bořek z Miletínka, il suo corpo venne trasferito a Čáslav. Ma anche qui, il comandante non trovò il riposo eterno. Quasi duecento anni dopo la sua morte, all'indomani della vittoria cattolica nel Battaglia della Montagna Bianca (1620) e la Controriforma effettuata in Boemia, la sua tomba venne distrutta. Secondo la leggenda, i suoi resti furono seppelliti di nuovo in città, ma non si sa dove sia il suo corpo in realtà.

Jan Želivský

Si sa poco della nascita di Jan Želivský o della sua prima vita. Egli appare per la prima volta nelle fonti come monaco dell'Ordine dei Canonici Regolare di Prémontré dopo la morte di Jan Hus. Dopo aver predicato per un periodo nella Boemia meridionale, andò a Praga nel 1418, dove si impadronì degli insegnamenti di Hus e nel giro di poco tempo divenne uno dei i rappresentanti più radicali del movimento. Želivský collegò idee religiose alle richieste sociali che alla fine miravano all'eliminazione delle classi. Le sue prediche erano ben accette dai suoi ascoltatori. Jan Želivský avanzò come una sorta di tribuno plebeo. Il 30 luglio 1419 guidò l'attacco al municipio di Praga e, con questo, fu coinvolto in modo decisivo nello scoppio della rivoluzione hussita. Sebbene Želivský non avesse alcuna esperienza militare, fu eletto capitano di un'armata di Praga e subito dopo anche consigliere. Dopo di che, contando sulla sua solida popolarità presso la gente semplice, iniziò sempre più a spingere i suoi avversari nell'assemblea nazionale. Ciò che Jan Želivský cercava non è del tutto chiaro. È certo che egli ha sempre fatto parte dell'ala radicale del movimento, il cui punto di vista non era condiviso dalla maggioranza della popolazione. Non si può stabilire con certezza se egli volesse solo proteggere gli interessi dei suoi compagni di fede, o se stesse personalmente lottando per una forma di dittatura politico-religiosa, simile a quella che Oliver Cromwell fece in Inghilterra 230 anni dopo.
Nel 1420 Želivský comandò per la prima volta un esercito di praghesi e orebiti durante una campagna nella Boemia orientale. Come comandante sul campo dimostrò scarse capacità. Ciononostante, un anno dopo andò di nuovo in guerra e cercò di conquistare la città di Most, nel nord della Boemia. Lì, il 5 agosto 1421, gli hussiti dovettero accettare la loro prima grave sconfitta contro l'esercito di Meissen sotto Friedrich il Guerriero. Questa sconfitta fu la disfatta politica di Jan Želivský. I suoi avversari nell'assemblea nazionale ebbero la meglio e nel 1422 lo accusarono di aver commesso vari atti di violenza durante la sua reggenza. Il 9 luglio 1422, fu decapitato davanti alla città di Praga. Želivský era ancora molto amato dai suoi seguaci. Nella capitale boema scoppiarono sanguinose rivolte che, tra altre cose, scatenarono un pogrom contro gli ebrei[144].

Mikuláš di Hus

Si sa poco del background di Mikuláš z Husi. Originariamente si faceva chiamare come il maniero Pístný, quindi si sospetta che sia nato lì. In tedesco si chiama Nikolaus von Hus. Mikuláš ha avuto una solida formazione che lo ha aiutato a diventare avvocato presso l'Alta Corte di Giustizia di Praga. Ha ricevuto un pegno del Vyšehrad Conte di Castle County e nel 1404 divenne Conte di Hus vicino a Prachatitz. Non si sa nemmeno come sia andata la sua reggenza. Egli sviluppò buoni contatti con Heinrich von Rosenberg e servì come mercenario per i duchi d'Austria. Dal 1414 al 1417, soggiornò spesso a Praga e stabilì stretti contatti con il movimento hussita. Tuttavia, egli non aderì alla lettera di protesta dei nobili boemi, sulla morte al rogo del riformatore. Ma poco dopo la rinuncia al re Wenzel fu bandito, il che spiegherebbe la rottura di Mikuláš con la Casa del Lussemburgo. In 1418, l'esilio fu revocato, eppure, a quanto pare, Mikuláš si unì successivamente al movimento hussita e divenne uno dei primi

---

144   Palacký, Der Hussitenkrieg 1419-1431, pp. 50-286.

tre importanti comandanti taboriti. Nominalmente era anche senior di Jan Žižka. Mikuláš era un un organizzatore di talento che la gente seguiva volentieri. Allo stesso tempo, però, è stato arrogante e testardo, il che ha minato la sua posizione per tutta la vita[145].

Nel giugno del 1420, guidò un piccolo esercito di cavalieri e sconfisse le forze austriache che assediavano Tabor. In seguito non tornò a Praga che era stata minacciata, ed è stato considerato da molti come un segno di opposizione alla crescente autorità di Jan Žižka. Solo in ottobre, quando Žižka aveva già lasciato la città, Hus ritornò in città con la sua truppa di cavalleria, per partecipare all'assedio del vecchio castello in cima alla collina. Quando Žižka è tornato in città a dicembre, scaturì un conflitto aperto tra lui e Hus su come continuare la guerra. Quando Hus, che si sentiva insultato, volle lasciare la città, cadde da cavallo rompendosi una gamba e soffrendo lesioni alla gabbia toracica. Anche se temeva che i praghesi volessero ucciderlo, gli fu riservato il miglior trattamento. I medici poterono curargli la gamba, ma non poterono guarire le gravi ferite al suo torso, di cui Mikuláš morì il giorno di Natale del 1420[146].

Andreas Procopio (Prokop)

Uno dei più noti leader del movimento nazional-boemo aveva, tra l'altro, radici tedesche. Il padre di Andreas Procopio era il mercante tedesco Jan Cach, stabilito a Praga. Si suppone che Andreas sia nato intorno al 1380 nelle vicinanze della città di Tabor. Studiò teologia all'Università di Praga e più tardi divenne pastore nella capitale. Lì si affezionò presto agli insegnamenti di Jan Hus. Dopo la morte del riformatore, Andreas Procopio divenne un esponente più radicale dell'hussitismo. Dopo che i cittadini di Praga acconsentirono ad un cessate il fuoco con la guarnigione del re, egli lasciò la capitale e nel 1420 si trasferì a Tabor. Procopio divenne uno dei protetti di Jan Želivský. Quando il giovane sacerdote fu arrestato durante i disordini di Picarde, fu Želivský a farlo liberare. Fino alla morte di Žižka, avvenuta nel 1424, si sa poco delle sue attività. Ma quell'anno apparve come il comandante in campo dei taboriti. Egli era anche chiamato "il Calvo" perché andava contro la tradizione dei sacerdoti hussiti non portando la barba, e non per la tonsura del suo monaco, come a volte sostenuto. Fino al 1426, Andreas Procopio si era affermato come nuovo capo

Andreas Procopio

145   Šmahel, Hussitische Revolution I, p. 248.
146   Šmahel, Hussitische Revolution II, pp. 1090, 1116

militare del movimento. Žižka era in realtà sempre contrario all'assunzione di compiti militari da parte dei sacerdoti, ma Procopio dimostrò di non essersi avvicinato a lui in modo tattico per competenze strategiche, ma per averlo superato in campo politico.

Ottenne una serie di vittorie spettacolari nel 1426 a Ústi, nel 1427 a Zwettel (in Austria) e dopo che Procopio sconfisse di nuovo un esercito di crociati a Domažlice nel 1431, il re Sigismondo cercò di porre fine alla lunga guerra invitando i rappresentanti hussiti al Consiglio ecclesiastico di Basilea. Anche Andreas Procopio si presentò nella città svizzera come oratore dei taboriti. Tuttavia, durante le trattative, si dimostrò poco disposto a scendere a compromessi e, poiché il soggiorno in città era molto costoso, lasciò la Svizzera dopo poche settimane. Non riconobbe i cosiddetti Patti di Praga elaborati dagli utraquisti e nel 1434, quando gli hussiti pacificati radunarono un esercito e andarono sul campo di battaglia contro i taboriti e gli orfani radicali, Procopio alzò la sua forza numericamente inferiore per la battaglia a Lipany il 30 maggio. Ma Procopio riuscì a superare in astuzia il capo dei praghesi, Diviš Bořek z Miletínka, e a prendere d'assalto il wagenburg. Eppure Andreas Procopio fu ucciso durante i successivi combattimenti corpo a corpo. La sua morte e la sconfitta dei taboriti segnarono un importante punto finale per il movimento[147].

Jan Čapek ze Sán

In qualità di membro della piccola nobiltà boema, Čapek ze Sán viene alla luce per la prima volta in questa storia. Veniva da una famiglia della Boemia orientale ed era proprietario della piccola Tenuta di Slány. Si suppone che sia nato tra il 1390 e il 1400. Appare per la prima volta nelle fonti come capitano in un esercito hussita che attaccò la Slesia nel 1427. Durante quella campagna, Jan Čapek ze Sán è stato gravemente sconfitto a Náchod. Quella battaglia ha rivelato tratti caratteriali che il comandante avrebbe dimostrato negli anni a seguire. A Jan Čapek non mancava il coraggio o la sete di azione, ma era scarso sulla prudenza tattica. Quattro anni dopo ha comandato un esercito da campo degli orfani che, insieme ai taboriti sotto Procopio, è avanzato in Slovacchia. Tuttavia, lì i due comandanti discussero sulla divisione del bottino. Procopio se ne andò e Jan Čapek continuò la campagna da solo. Gli orfani presero un bottino ricco, ma nella marcia di ritorno furono inseguiti dalle truppe ungheresi e malamente sconfitti, perdendo quasi due terzi dei loro uomini. Nel 1433, nonostante questi insuccessi militari, Jan Čapek ze Sán guidò un esercito di orfani a Neumark, dove si unì ad un esercito polacco e attaccò lo stato dell'Ordine Teutonico. Sotto la sua guida, gli hussiti avanzarono verso le rive del Mar Baltico, dove Jan Čapek fu nominato cavaliere. A differenza di qualsiasi altro comandante hussita, Čapek usava le "belle cavalcate" soprattutto per il suo guadagno personale. Durante queste, in questo periodo di brutalità e fanatismo religioso, si distingueva per la sua spiccata crudeltà. Al ritorno dalla sua campagna nel Mar Baltico, Čapek si unì alle forze hussite che assediavano Pilsen. Dopo che una forza di foraggiamento più grande di questo esercito fu decisamente sconfitta durante un movimento nell'Oberpfalz a Hiltersried, ne seguì una rivolta durante la quale il leader taborita Procopio fu temporaneamente imprigionato. Per un certo periodo Jan Čapek prese il comando dell'esercito assediante, ma non riuscì a far cadere Pilsen. Nell'estate del 1434 riunì il suo esercito con i taboriti sotto Procopio, che era stato reintegrato, e combatté nella battaglia di Lipany. Come nella battaglia di Náchod, lasciò che le sue forze fossero attirate fuori dal sicuro wagenburg troppo presto per inseguire i

---

147 Ibid., p. 245.

Jan Čapek ze Sán il leader dei grandi raider hussiti

presunti nemici in fuga. Quando le forze della Lega dei Signori ebbero finalmente preso d'assalto i wagenburg, Jan Čapek fuggì dal campo di battaglia, che in seguito fu interpretato come tradimento. La Lega dei Signori della Nuova Città di Praga confiscò in seguito 5.000 "Schock" Groschen che Jan Čapek aveva saccheggiato durante le "belle cavalcate". Per quel tempo era una quantità considerevole. Jan Čapek ha dovuto lasciare la Boemia. Nel 1438 ottenne il castello di Hukvaldy della Moravia orientale, dal quale, di sua iniziativa, effettuò incursioni in Ungheria e in Polonia. Nel 1443 partecipò ad una campagna contro l'Ungheria, in qualità di capofila del re polacco Wladislaw III. L'anno successivo Čapek combattè in una crociata contro i turchi nella battaglia di Varna, nella Bulgaria orientale. In seguito si unì al servizio del Voivoda ungherese Jan Jiskra di Brandeys. Nel 1445 sposò Hedwig Petřvaldská. Era già il suo secondo matrimonio. Dal suo primo matrimonio ebbe una figlia, che allo stesso tempo tempo sposò Jan Talafús di Ostrov, un servitore di Jan Jiskra. Anche Hedwig era già stata sposata una volta e aveva due figli. Jan Čapek sarebbe morto nel suo castello di Hukvaldy a 1452.

Diviš Bořek z Miletínka

Diviš Bořek z Miletínka

Diviš Bořek z Miletínka apparteneva alla povera nobiltà terriera della Boemia. Conosceva già gli insegnamenti di Jan Hus durante la vita del riformatore. Quando scoppiò la guerra hussita, si arruolò nell'esercito di Jan Žižka. Non si sa se Miletínka avesse già avuto esperienze militari precedenti, ma durante le lunghe campagne acquisì una profonda conoscenza del modo di operare del comandante cieco. Con la crescente radicalizzazione di Žižka, Diviš Bořek z Miletínka si allontanò da lui. Per tutta la vita rimase un moderato utraquista. Nel 1421 si trasferì nella Boemia orientale e restaurò le rovine del castello di Kunětická Hora nella sua sede ancestrale. Nei mesi successivi condusse diverse campagne nella Boemia orientale e in Moravia, in parte rivolte ai taboriti e agli orebiti radicali. Nell'aprile del 1423, al fianco di Jan Žižka sconfisse un esercito cattolico nella battaglia di Hořice. Guidò la cavalleria hussita in uno spietato inseguimento degli ormai in fuga ex inseguitori e li quasi annientò. Ma solo pochi mesi dopo i due comandanti ebbero un litigio. A quanto pare Diviš cercò di stabilire il fratello Jetrich come amministratore a Hradec Králov. I consiglieri erano insoddisfatti di questa scelta e chiesero supporto a Žižka. Jan Žižka espulse Jetrich e così facendo guidò Diviš nel campo della Lega dei Signori, che si stava formando in quel momento. Poco tempo dopo, però, Miletínka venne duramente sconfitto dal suo vecchio maestro a Strážnice[148].

Tuttavia, questa sconfitta non ha danneggiato la sua reputazione. Miletínka continuò ad operare nell'est del regno e divenne il capitano di Chrudim e Litomyšl. Nel 1427 i borghesi di Kolín lo chiamarono in aiuto quando l'esercito di Procopio il Grande si stava avvicinando alla città. Miletínka riuscì a difendere Kolín per tre lunghi mesi. Ma quando il cibo scarseggiava, alcuni cittadini tradirono il comandante e lo costrinsero ad accettare la capitolazione. Grazie all'abilità diplomatica è stato però in grado di negoziare una condotta sicura per sé e per i suoi seguaci in cambio del pagamento di un riscatto. Dopo che il grosso degli utraquisti si era riconciliato con il re Sigismondo attraverso i Patti di Praga ed era sceso in campo, elessero Miletínka come comandante in campo. Fu una scelta fortunata, perché utilizzando la sua esperienza, il 30 maggio 1434, riuscì ad attirare Andreas Procopio in una trappola e a sconfiggerlo con decisione a Lipany. Miletínka, insieme al Margravio di Meissen, Federico il Guerriero, fu l'unico comandante dell'esercito di questo periodo che riuscì a catturare un wagenburg hussita in una grande battaglia sul campo. Come ringraziamento, Sigismondo gli assegnò dei possedimenti intorno al suo castello di Kunětická Hora e a Pardupice. Diviš Bořek z Miletínka, che fu forse il comandante più cannibale di questo periodo accanto a Jan Žižka, morì nel 1437[149].

148   Šmahel, Hussitische Revolution II, pp. 1293-1294.
149   Palacký, Der Hussitenkrieg 1419-1431, pp. 101-450.

TITOLI PUBBLICATI - ALREADY PUBLISHING

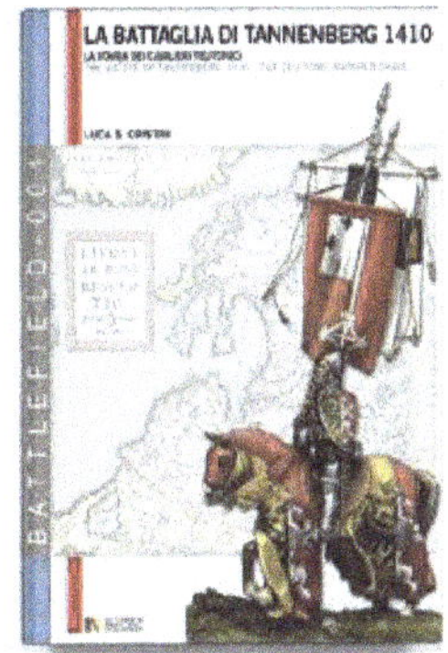

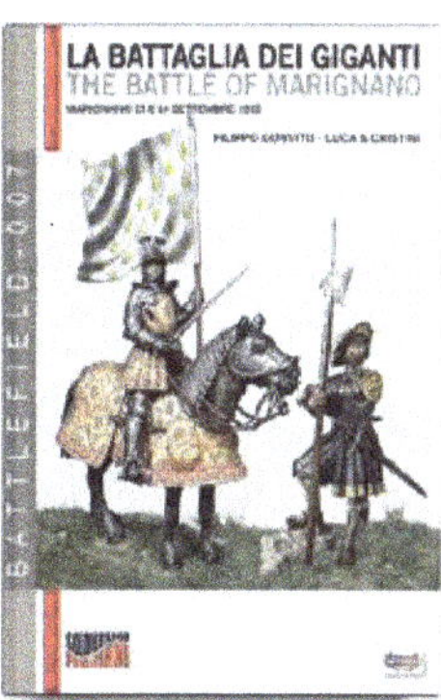

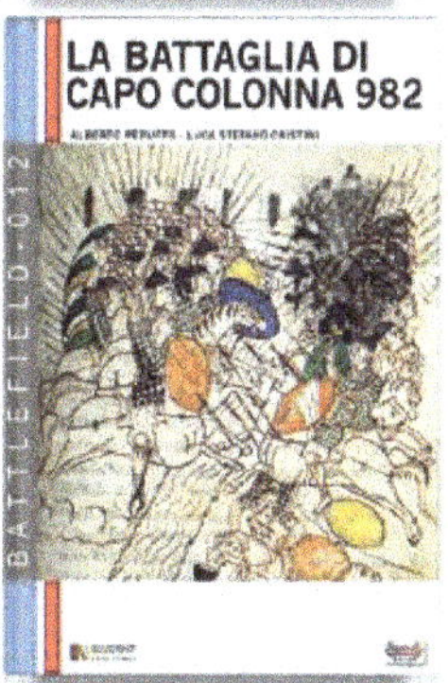

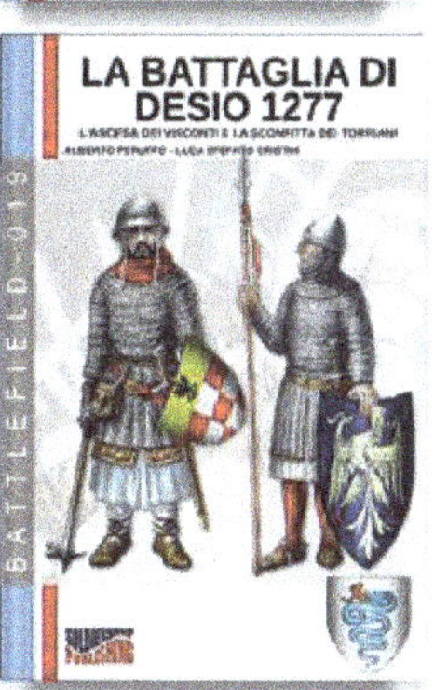

SOLDIERSHOP PUBLISHING

SOLDIERS&WEAPONS 033

www.ingramcontent.com/pod-product-compliance
Lightning Source LLC
LaVergne TN
LVHW071526180726
843512LV00014B/1173